LDラベルを貼らないで！

Learning Disabled Children
学習困難児の可能性

教育・心理カウンセラー
玉永公子

論創社

ポトスには水を、サボテンには乾きを──まえがきにかえて

数年前のこと、ある国会議員の広報パンフレットに「ＬＤ対策」という言葉が載っていたことがある。そのとき私は、「ＬＤについてのコンセンサス（同意）に欠ける日本の現状で、どのような対策をしようとしているのだろう」と非常に気になり、このことに関する自分の思いを書きたいと思った。

何らかの器質的な原因があって学習に困難をきたす子供たちがいる。約40年前に、アメリカの研究者たちはそんな子供たちの〝できなさ〟を示す状態を一つにまとめて「ＬＤ(Learning Disabilities)《ラーニング・ディスアビリティーズ》」という用語を誕生させた。

本書では、このＬＤ状態の子供たちに焦点をあて、日本の教育現場における問題点、理想的なＬＤ児との接し方について考えてゆきたい。

ＬＤは日本語では「学習障害」と訳されているが、私はＬＤ状態を〝障害〟と表現することに抵抗があって、本書の中ではＬＤという用語をそのまま使った。また、必要に応じ

て〝学習困難〟という表現にした。

日本で「学習障害」という用語が使われるようになったのは、私の記憶によると20年以上前だと思う。公立学校の教師をしていた私は、教育委員会委託の教育相談員として、委員会主催の「学業不振と教育相談」と題する研究会に参加していた。1976年のことである。翌年にはそれが「学習障害と教育相談」となっていたので、その頃からLDという概念を教育関係者が意識するようになったのではないかと思う。

私には、LDには〝学習障害〟というより〝学び方の違い〟という概念が当てはまると思えてならない。私は、LDが〝障害〟という感覚で、それは治らないもの、普通学級では手に余るなどという先入観が定着しないことを願って、これを書いている。

義務教育の小中学校には、〝よくできる子、できない子、スローな子、不器用な子、スポーツが得意な子、不得意な子、落ち着かない子、動きが激しい子、舌足らずにしゃべる子〟などと言われる、さまざまな子供たちが存在することは自然である。義務教育の普通学級で、生徒全員が、いわゆる欠点のない優等生であることなどあり得ない。

あらゆることが万能な子もいれば、算数は得意だがスポーツは苦手な子もいるし、勉強は苦手だが人柄がよいというように、子供たちの様子はさまざまである。

植物を育てるとき、私たちはその植物の性質を知り、それに適したやり方で世話をする。ポトスは水栽培でもよく育つが、サボテンは水をやり過ぎると死んでしまう。モヤシは暗いところで栽培されてモヤシになり、ヒマワリやトウモロコシは太陽を浴びて大きくなる。ポトスに水をやらず、サボテンを水栽培にし、ヒマワリを地下室で育てたら、枯れたり、萎えたり、育たなかったりする。

教師が一人一人の子供の特性を無視して、生徒全員に同じようにかかわったら、それが適さない子には、サボテンに水をやり過ぎたり、モヤシを日にさらすのと同じようなことになる。

もしもクラスに、ＬＤ状態と思われる生徒がいたとしても、その子に〝ＬＤ〟とラベル（Label＝中身、持ち主などを表す貼り札のこと。レッテル）を貼り病院や相談所に送る前に、担当教師が子供一人一人の特性を把握し、その特性に適ったかかわりで、心身の豊かな成長の手助けを心がけることが、なすべき初めの第一歩だと思う。

ＬＤ状態とは絶対的な障害ではなく、かかわり方次第で、改善できるものなのである。

目次

装丁・栗原裕孝

ＬＤラベルを貼らないで！——学習困難児の可能性

1　LDとは何か

ＬＤの意味するもの

１９６３年、ニューヨーク市では、学校生活で問題をもつ子供の親たちが集まって、話し合いの場をもった。その問題とは、単語のスペルがうまく綴れない、文字をとばし読みにする、計算に手間取る、読み取りが困難などといった基礎学習のできなさや、注意欠陥（Attention Deficit《アテンション・ディフィシイト》）、一瞬もじっとしていない多動性障害（Hyperactivity Disorders《ハイパーアクティヴィティ・ディスオーダーズ》）といった学習場面での行為に関するものだった。

１９６０年代初期まで、そういった子らには、ＭＢＤ（Minimal Brain Damage《ミニマル・ブレイン・ダメージ》＝微細脳損傷＝脳にごく小さい傷がある）、知覚障害、読字困難（Dyslexia《ディスレクシア》）、スローラーナー（学びのテンポが遅い）などというラベルがついていた。当時、こういった子供たちの状態を言い表すラベルは、「数え上げると50以上もあった」と、マリアン・フロスティグ博士（ＬＤ教育の専門家。学習場面で問題を呈する子供たちのための学校、フロスティグ・スクールを設立した）はその論文の中で触れており、この分野の子供たちの状態がさまざまであることを示唆している。

そして、これらの状態を表す多くの用語は不適切であった。たとえば、ＭＢＤという用語は、戦争で頭部に負傷した兵士や、けがや病気で明らかに脳に傷がある人と同じような様子や行動をする子供たちにつけられたラベルであった。つまり、記憶力が悪かったり、文字が書けなかったり、あるいは多動、注意散漫、集中力不足などといった子供たちには、脳に微細な傷があるはずだと推測されたのである。

しかし、負傷兵士や明らかに脳に傷のある人たちと違って、微細な傷が脳にあるかもしれないと推測された子供たちの、その傷の立証は不可能だった。たとえ、それが立証されたとしても、教育の現場では役に立たず、脳に傷があるということは汚名ですらあると、父母たちはこのラベルを嫌っていた。

他の例では、スローラーナーと呼ばれた子らでも、知能テストでは良い成績を示したり、読字困難の原因が貧しくて勉強の機会がなかったことによるなど、不適切な用語についての議論が続いていたのである。

そういう背景があって、その会合に出席していたイリノイ大学のサミュエル・カーク博士が、それまでのさまざまな呼び名をまとめて、ラーニング・ディスアビリティーズ（Learning Disabilities）という用語に統一してはどうかと提案した。

それは多くの人の賛同を得て可決され、それ以来、学習場面で問題をもつ子供たちをLearning Disabled Children《ラーニング・ディスエイブルド・チルドレン》と呼ぶようになった。「ＬＤ児」という用語はその略語である。

１９８０年、私はＵＳＣ（南カリフォルニア大学）に留学した。そして、その年の秋学期で、「ラーニング・ハンディキャップドの問題」というコースを受講した。その時の担当教授から、カーク博士がＬＤ用語の提案をした会合の様子を聞いて、〝ラーニング・ディスアビリティーズ〟の意味するものが理解できた。

しかし、すぐにそれは、思っていたほど容易な内容ではないということが分かったのであった。

LDは〝障害〟なのか

留学をするまで、私は東京の区立小学校で教師をし、教育委員会委託の教育相談員でもあった。そして、「学業不振」や「学習障害」がテーマの相談員の研究会にも参加していた。それは1977年頃のことで、熱心なY指導主事はすでに知覚障害や読字困難について、マイクルバストの理論（1964／知覚障害の神経心理学的な障害を仮定し、その学習プロセスの訓練をすることで視覚言語系を体得できるようになるという理論）をもって私の提出したケースを批評されていた。

Y指導主事は、たとえば山田花子さん（仮名）のケース（後述）に関して、次のようにアドバイスされた。

「学力検査の国語においては読みができていないが、読みの何ができないかを、いろいろな場面を設定して調べてみることが必要である。たとえば、心情的な点を読み取れるのか、論理的な面はだめなのか。あるいは、音読の場合や黙読の場合の速度や円滑性などをチェックするとよい。

読字障害は、視覚的シンボルを以前に学習した聴覚的シンボルに転換できないために起こるとされている。つまり、子供はまず非言語性の経験を身につけ、ついで、聴覚的なものを手に入れる。その後で、経験と聴覚シンボルの双方を表す視覚言語系を体得する、とマイクルバストが論じていることを認識してほしい。

この意味で、花子さんのケースは、過去の学習が不十分だと解釈してよいと思う。さらに、漢字の読みができないことは、もちろん漢字に対する興味のもち方の問題があるが、知覚的な面での障害はないかと疑ってみる必要もある」

そのように、20年以上も前に、日本でも学習困難について〝ＬＤ〟を指向した研究をしていた教育委員会もあったのに、現在、ＬＤについてのとらえ方に人々のコンセンサス（合意）がないというのが実状だ。日本人は、外国の知識や技術を応用して新しいものを作り出すことが得意なはずなのに、このＬＤ概念への躊躇《ちゅうちょ》は何を意味するのであろうか。

１９８０年頃、アメリカでエアロビクスをやるジムがはやり始め、私も友達にさそわれてジムの会員になった。これはすぐに日本でもはやることになるだろうと思っていたら、案の定そうなった。エアロビクスは理論と実践と結果が一直線で分かりやすい。それに疑問を抱き、論争するということもなく、適用しやすい。今や、日本全国どこへ行っても、この酸素を取り入れて脂肪を燃やす運動をするジムの経営が成り立っている。

エアロビクスのように、ＬＤ概念が分かりやすいものであったら、そのアイデアはすぐに採用されていたかもしれないが、果たして、ＬＤ概念が１００％のみ込めたとして、それはそのまま、日本に適応できるものだろうか。

エアロビクスをやっていて、私はあることに気がついた。インストラクターの動きに従って運動をするのであるが、左手と右足、右手と左足を同時に別々に動かすとき、私の動きはめちゃめちゃになるのであった。インストラクターに従って動いていないと思うと、頭の中は真っ白になって、ますます動きが取れなくなる。

その頃大学では、ＬＤについてのレポートを書くための資料を調べていたので、それに影響されて、私はいろいろなことを考えた。視覚での刺激を脳がキャッチして運動に至るのだから、私の運動神経は刺激をうまく伝達していないのではないか？　私にもＬＤ状態があるのではないか？　しかし、こういうように、何かが苦手、あるいはできないことは、多くの人が経験しているのではないか？　ＬＤ状態は障害と言えるのだろうか？　誰の翻訳かは知らないが、ＬＤを〝学習障害〟と訳したことは正しかったのだろうか？　このアイデアは慎重に対処せねば、障害でもない子らの、新たな障害児群をつくり出すことになりかねない……などの思いが、次から次へと湧いてきて、私は深刻な気分になったのであった。

誰がＬＤ児なのか

カーク博士の提案から12年後、１９７５年になって、フォード大統領のゴーサインで、ＬＤを精神遅滞や肢体不自由、そしてギフテッド（Gifted＝優秀児教育）などと同じく、特殊教育の一分野とする法律ができた。法律で定められたということは、子供がＬＤであると判定されたら、国から教育予算が下り、ＬＤ児のための教育機関で学ぶことができる。すると、予算が得られるせいか、次第にＬＤと判定されるケースが増え、どこもかしこもＬＤ児とは言い過ぎにしても、「誰がＬＤ児たりうるか?」とか、「ＬＤ児はどこからくるのか?」といったような、判定基準についての論争が起きるようになった。

こうした事態を招いたのは、ＬＤ定義のあいまいさが原因なのだが、50以上もの呼び名があったさまざまな状態を一つにまとめたのだから、「これがＬＤです」と的確に定義できないのも無理はない。ＬＤという用語ができて以来、それは関係機関や学者、そして各州によってさまざまに定義づけされた。さまざまだが、それらの定義に受け入れられている共通の要素はあった。それは以下の５つである。

(1)　ＬＤとは認められない状況
(2)　中枢神経系の機能不調
(3)　心理的過程の不調
(4)　基礎教科のできなさ
(5)　知能と学業成績の落差／個人内能力の強弱

〝ＬＤとは認められない状況〟とは、視覚や聴覚に障害があったり、肢体不自由や知恵遅れや情緒障害、あるいは環境的、経済的不利な状況によって生じた〝学習のできなさ〟をさす。たとえば、弱視の児童がメガネなしでは文字が読みにくいのは、ＬＤではない。また、貧しくて勉強の機会のなかった子供が字を読めなくても、ＬＤの判定は得られない。つまり、器質的なこと以外の原因で起きた〝学習のできなさ〟はＬＤとは認められないのである。

ＬＤの原因が、脳にある器質的なものだと認めながらも、アメリカのほぼ半数の州が、〝中枢神経系の機能不調〟という項目を定義の中に入れていない。それはなぜか？

ＬＤ分野で歴史的に、この〝脳の傷〟論争ほど騒がしかったものはない。この分野に光が射し始めた当初、学習場面で問題をもつ子供たちが、明らかに脳損傷のある子供たちと似たような行動の特徴を示すことに、人々の注目が集まった。つまり、注意欠陥（ＡＤ）、多動（ＨＤ）といった特徴である。

多くの学者たちがその行動の特徴だけで、学習場面で問題のある子供たちには脳に傷があると結論づけた。しかし、ほとんどのケースでその傷の立証はできなかったのである。したがって後年になり、医学的な確証がなければ、たとえ非常に落ち着きのない子供であっても、脳に傷があるなどというラベルはつけない、という同意がなされるようになった。

そして、〝損傷（Damage《ダメージ》）〟という言葉を止めて、〝機能不調（Dysfuntion《ディスファンクション》）〟という言葉を使うようになった。脳の傷というよりも、中枢神経系の機能がうまく働いていないととらえるようになったのである。

ＬＤの定義に使われている「知覚障害、脳損傷、微細脳損傷、読字困難（Dyslexia《ディスレクシア》）、発達性失語症」などが、この〝中枢神経系の機能不調〟という用語に当てはまる。つまり、中枢神経系の機能がうまく働かないので、学習場面で問題が生じるということになる。しかし、この原因論はほとんどのケースで立証されていないので、アメリカのほぼ半数の州が定義に入れていないのである。

ＬＤとは、話し言葉や書き言葉を理解したり使ったりする際の〝基礎的心理的過程の不調〟である。その不調とは、聞く、話す、書く、読む、綴る、計算する、数学的思考をすることの〝できなさ〟に現れるとされる。そして、この〝心理的過程〟という言葉も、不必要な論争の元となっていると指摘されている。さらに、心理的過程の不調と、学習の失敗と、治療教育とを結ぶ関係を、十分に説明できる理論に欠けていることが現状としてある。

〝基礎教科のできなさ〟とは、文字どおり学習の基礎的な内容のできなさを示す。たとえば、知能レベルは普通かそれ以上であるのに、計算の手順が把握できないなどといった状態である。

〝知能と学業成績の差〟について、アメリカでは１９７６年に基準を出している。それによると「話し言葉、書き言葉、聞き取り、読み取り、読み技能、計算、数学的思考、綴りのうち、どれか一分野でも、ＩＱ数値の50％以下の成績である」場合、知能と学業に落のである。

差ありとしている。単純なたとえで、IQ数値からして、80点を取ることが予測できるのに、40点以下の成績しか出せていない場合、〝知能と学業成績に差あり〟と判断されるのである。

〝個人内能力の強弱〟とは、一個人がもっているさまざまな能力についての強弱のことである。たとえば、計算は非常に強いが、読み技能が非常に劣るなどといった状態をさしている。

アメリカ国内で、〝誰がLD児であるか〟を決める絶対的基準はない。知能に関しても、各州により異なる。たとえば、IQが78以上をLDと認める州では、IQが80の子供はLDと判定されるが、IQが90以上をLDとする州では、IQ80の子供は知恵遅れと判定されるのである。けれども、前記の5要素は多くの関係機関や州でLDの定義にされ、判定の基準となっている。

難しいＬＤの定義

アメリカでＬＤ定義が発表されて10年以上がたったころ、ほとんどの州で、他の分野（精神遅滞、肢体不自由など）の子供より、ＬＤと分類される子供の数が増えてきた。これは、〝学校でうまくいっていない子供はＬＤ〟といった把握の仕方によるとも言われている。

毎年多くの子供たちが、ＬＤプログラムに位置づけられるということは、関係者があいまいな定義にのっとって、几帳面な分類を求めていることの結果だと指摘する学者もいる。今や、ＬＤ定義は問題を残してしまったと見られている。

次の文は、米連邦政府の示したＬＤ定義である。

特定のＬＤとは、話し言葉や書き言葉の理解や使用に伴う、基礎的心理的過程における、一つ、あるいはそれ以上の不調を意味する。それらは、聞く、話す、読む、書く、綴る、または数学的計算、思考をする際の、不完全な能力として現れるかもしれない。この用語は、知覚障害、脳損傷、微細脳損傷、読字困難（Dyslexia）、そして発達性失語症のような状態を含む。用語は、本来的な視聴覚障害、運動障害、精神遅滞、情緒障害、または環境的、文化的、経済的に不利な状態の結果として学習の問題をもつ子供たちには適用しない。

この定義には、〝知覚障害、微細脳損傷〟などが原因で〝学習のできなさ〟が生じるのかどうかが明記されていない、さらにその原因が〝心理的過程の不調〟につながるのかどうかも分からないといった感想をはじめ、いろいろな議論が飛び交っているようだ。そして、さまざまな観点からの長い論争の末、ＬＤのための全米合同委員会は、次のような意見書をまとめた。

(1)　ＬＤ状態はすべての年齢の人に存在しうるので、米連邦政府の定義に書かれてある

「子供たち（Children）」という言葉は適切ではない。

(2)「心理的過程」という語句の含みは、広範囲で不必要な論議をこの分野に生み出している。

(3) 定義に含まれる「知覚障害、脳損傷、微細脳損傷、発達性失語症」のような語句によって、政府の示した定義が格調の高いものになるわけではない。これらの語句は将来にわたって、ＬＤ分野に論争と混乱と誤った解釈をもたらすであろう。

(4)「本来的な視聴覚障害、運動障害、精神遅滞、情緒障害、または環境的、文化的、経済的に不利な状態の結果として学習の問題をもつ子供たちには（ＬＤを）適用しない」という表現も、広範囲な誤解を引き起こしている。たとえば、脳に傷を負った結果、話し言葉に困難が生じた14歳の先天性盲目の少年の例を考えるとよい。定義に従うと、この少年はもともと視覚障害があるので、ＬＤの判定は得られない。しかし、後年、事故で脳に傷を負ったために言語機能に支障をきたしていたので、この場合はＬＤ児童として教育予算が適用される明らかなケースである。

この意見書の後、委員会は〝ＬＤとは何か〟について、明確な内容を提示した。

(1)　ＬＤとは、学習を困難にするさまざまな機能不調の状態を、状態別にグループ分けした、そのグループの集まりである。

(2)　ＬＤと判定するためには、聞く、話す、読む、書く、数学的思考などの能力を身につけたり、使用したりする際の機能不調が、一つまたはそれ以上の深刻な器質的な原因によるものでなければならない。

(3)　貧困や子育てのまずさ、学校での教え方の失敗や社会的圧力、または文化的な違いなどの結果としての個人の状態は、ＬＤとは見なさない。

(4)　ＬＤの原因は、中枢神経系の機能不調として知られている。その機能不調は、脳組織への外傷や遺伝的要素、神経伝達物質や脳内ホルモンなどの生化学的物質の不足あるいは不均衡、または中枢神経系に影響する他の似たような状態の副産物であるかもしれない。そのように、大半のＬＤ関係者は、ＬＤの原因は中枢神経内のあるタイプの機能不調にあるということに同意しているが、ほとんどのケースでそれは立証されていない。

(5)　ＬＤの問題はゆっくりと現れ、同時に子供たちはある能力を発達させたり、マスターしたりするのである。委員会は、もしも中枢神経系の機能不調の疑わしい原因が証明されなければ、誰もＬＤと呼ばれるべきではないということに同意している。[6]

ＬＤ状態はどんな人にも存在しうる。たとえば、精神遅滞の人や経済的に不利な状況の人でも、器質的にＬＤ状態が存在することもありうる（精神遅滞や経済的不利などが原因ではないが、その人にもともと存在するという意味）。

ＬＤ児の発生率

１９８０年代の初めのころ、大学のコースで使われていたテキストには、19歳までの子供たちの３％がＬＤであると、アメリカ教育局の出した伝統的な数値が書かれていた。しかし、１９９６年発行の専門誌（*The Future of Children*）の中でライアン博士（子供の健康と人間の発達に関する国立研究所のリサーチ・ディレクターで心理学者）は、ＬＤと見なされる子供たちの数が、過去20年間に劇的に急増していると述べており、それは全米の公立学校生徒のほぼ５％となっている。

ＬＤの正確な発生率は、最も論議されているテーマであり、その理由は、ＬＤ定義と診断基準が一致していないことによると指摘されている。「発生率５％というのは多すぎる。それは、あいまいな定義に基づき、不正確な承認をしているからだ」という人々もいる。

しかし一方では、読み欠陥を早期に確認するための目安を定める研究では、事実上、標準読みテストでの得点が100点中25点以下の子供のすべてが、〝読み障害〟状態であると判断されているという。

〝書き表現〟における〝できなさ〟についてはあまり知られていないが、研究者は学業人口の8%から15%の間に真実の発現率があると見積もっている。また調査によると、学業人口（School Population＝小学生から大学生までの就学人口）のほぼ6%が、低い知能や感覚器官の欠損、あるいは経済的不利を原因とせず、計算や数学的思考の困難な状態にあることが示唆されている。

アメリカにおけるLDに関する有力な情報のほとんどは、〝読み障害〟に関係している。そして、LDである子供たちの大多数は〝基礎的な読み技能〟における本来的な欠陥をもっているという。このことは、アメリカにおけるLD概念やLD教育の体制を、そのまま日本にもってくることが適切でないことを示唆している。

つまり、アメリカでよく見られるReading Disabilities《リーディング・ディスアビリティーズ》（読みのできなさ）、またはDyslexia《ディスレクシア》（読字困難）の状態の人は、日本では非常に少ないと言われているのである。

Dyslexia（読字困難）という言葉は、器質的に字を読むことに困難がある状態を表す単語である。この言葉は、ＬＤ定義の中に使われている。

Reading Disabilities（読みのできなさ）は、文章の読み取りに困難がある場合をいうが、文字の確認が困難な Dyslexia においても Reading Disabilities は起こりうるので、この2つの状態は個人によっては、同じ意味の場合もありうる。

Dyslexia とは、一字一字のアルファベットは読めるが、単語になると読めなくなったり、was を saw と読んだり書いたりするようなまちがいをさす。あるいは、言葉をとばして読むとか、言葉を全体として把握できないといった状態をさす。

日本の小学1年生の中には鏡文字（左右が逆になった文字）を書いたり、文字をとばし読みしたりする子もいるが、長じると正しく書き、読めるようになる。私が教師をしていたときにも、高学年になって普通に生活ができるのに鏡文字を書き続けたり、文字を読めなかったりする子供には一人も出会わなかった。ちなみに、30年近く教師をしている友人に聞いてみたが、彼女の受け持った中にも Dyslexia の子供はいなかったと言っていた。

一般に、日本では Dyslexia の生徒が少ないと言われている。一方、アメリカでは学業人口の5％がＬＤとされ、１９８９年のデータでは、ＬＤと認定された子供たちのほぼ80％が、読み学習に困難をもつと分析されている。１００人中4人が、読み困難状態ということになる。

〝読字困難〟がアメリカ人に多く見られるのは、中枢神経系の機能不調が日本人よりもアメリカ人に多いと言うわけではもちろんない。それは、言語の違いによると言われている。日本語の仮名は一字が一音になっていて読みやすいが、英単語は一字につき一音の発音ではなく、発音に沿った綴りが難しい。したがって、同じような神経学的な機能不調があっても、日本語の場合〝読字困難〟にまでは至らないのであろうと私は考える。

このことは、中枢神経系の機能不調へのよりよきかかわりを示唆してくれる。つまり、個人の中に器質的な問題があったとしても、外部からの刺激の与え方によっては、LD状態は避けられるか、軽くなるということが示唆されるのである。

ちなみに、言語的な刺激だけではなく、数学的な刺激であっても、〝単純に分かりやすく〟を基本にして、個人の状態を細かく把握して、その状態に沿って教えていけば、LD状態の回避につながる可能性が考えられる。以前、エアロビクスをしていたときに私が経験したLDと思われる状態（両手足を同時に別々に動かせない）もそうである。一つ一つの動きをしっかりととらえ、ゆっくりしたリズムに合わせて練習をしていくうちに、インストラクターと同じ動きができるようになった。

相手の状況もつかまず、大ざっぱに、段階も踏まず、ハイスピードで子供たちとかかわることは、コンピューターを順をとばして操作するようなものである。たった一つ手順をはずしてもコンピューターは動かない。

日本における〝読みのできなさ〟人口の少なさは、日本でのＬＤ人口の少なさを示唆している。そしてこのことは、アメリカのＬＤ体制をそっくり適用する必要がないことをも示唆している。

ＬＤとＡＤＨＤの違い

１９６３年にイリノイ大学のカーク博士が提案したＬＤラベルは、さまざまなタイプの学習のできなさや、多動、注意不足、集中力のなさなどの状態を、すべてひっくるめて一つの用語にまとめてしまった総体的なものである。基本的にＬＤとは〝学習のできなさ〟が問題としてあるが、多動や注意不足があっても、学業成績は普通かそれ以上の子供たちもいる。

Attention《アテンション》 Deficit《デフィシイト》（注意欠陥）、Hyperactivity《ハイパーアクティヴィティ》 Disorder《ディスオーダー》（多動性障害）の頭文字をとって、その状態を〝ＡＤＨＤ（注意欠陥・多動性障害）〟とラベルづけしている。ここでは、ＡＤＨＤ状態とＬＤ状態の違いについて私が感じていることを述べてみたい。

まず、〝学習のできなさ〟は一般的に〝聞く、話す、読む、書く、読解、計算、数学的思考〟の7つの状態に現れる。絵画、工作、料理、機械いじりなどには別な能力が必要だと思うし、体育や音楽に要する敏捷性、リズム感などは別にして、この7分野に〝できなさ〟がなければ、ほとんどの学習に取り組む準備は整っていると思われる。また、7分野全部ができない場合、その状態はLDではなく、知恵遅れのケースが多い。

以上の7つの分野のいずれかの〝学習のできなさ〟には、注意不足や多動といった問題を伴っていることもあるが、LD（学習のできなさ）とADHD（注意欠陥・多動性障害）といった行動的な不調は同義語ではない。

テレビ番組でADHDを取り上げた報道があり、それを見た人が「ADHDっていう病気があるんだね。初めて聞いた」と言って驚いていた。そして、その人の孫が落ち着きがなく集中力に欠けるから、ADHDという病気かもしれないと心配していた。

私はその孫を知っているが、普通の子である。おとなしくじっとしている子に比べれば、多少の落ち着きのなさはあっても、病気などでは決してない。また、幼いころから小学校低学年まで非常に動きの激しかった子供が、高学年になって落ち着くというケースはよくある。

LDやADHDの特徴とされている状態の一つ一つは、よくよく考えてみると、普通に生活している人の状態によくある。程度の差はあるが、〝ぶきっちょ、おっちょこちょい、短気、飽きっぽい、注意散漫、落ち着きがない、字が下手、計算がのろい〟などの言葉で表現される。どの程度からが病気なのか基準も知らずに「ADHDは病気」だと聞いたら、心配する人が現れてもおかしくはない。

Attention Deficit（注意欠陥）は、著しい不注意状態や集中力のなさを、Hyperactivity Disorder（多動性障害）は、過度に走り回ったり、絶え間なくしゃべったり、もじもじそわそわしたりして、落ち着きがない状態をいう。

DSM－Ⅳ（アメリカ精神医学会の疾患診断マニュアル）には、ADHDと診断名をつけるには、たとえば、6つ以上の不注意の症状が6カ月以上続く場合、などの基準が明記されている。6つ以上の症状が6カ月以上続くのでなければ、心配したり、病院などに連れて行ったりせずに、愛情豊かに育むことを心がけてほしい。

数年前、私はLD外来を設置していた病院で、心理職の仕事をした経験がある。

その年のパンフレットに、以下のような案内文があった。

「次のような特徴をもつお子さんはLD児かもしれません。ご心配のある場合、ご相談においでください。――落ち着きなく動き回る、注意散漫、集中力に欠ける、飽きっぽい、衝動的、すぐにかっとなる、「不器用、知能に比べ成績が低い、書字・読字・計算が困難等」

そして、外来を受診してきたほとんどの子供が〝ADHD〟と診断されていた。確かに彼らは、動きが激しかったり、衝動的であったり、飽きっぽかったり、暴力的であったりして、多くの場合、学校での評価は問題児童となっていた。

しかし、彼らの学業成績は平均前後、または優秀であった。彼らは、情緒障害やADHD状態はあったが、LD状態（学習のできなさ）はなかったと言える。子供の情緒や行為に悩んではいたが、学習の心配をしていた父兄は、ほとんどいなかったと思う。

病院では子供たちに、社会的スキルのグループ指導を行っていて、一人一人のADHD状態の改善を目指していた。けれども、それは〝LD外来〟という看板のもとでの事業であったので、病院の内外ともに、彼らはLD児童として把握されていた。これでは、LD概念のコンセンサス（同意）がない現状で、ますます混乱が生じる。

ADHDとされる子供たちに対する神経学的治療や薬物療法は、病院の仕事だと思うが、もしも〝読み障害〟のある児童がLDだと確認されたとして、その子供への治療教育を、教育の専門家のいない病院でできるのだろうか？　子供の学習指導の責任を病院がもつのだろうか？　たとえ診断だけだとしても、病院で学習困難の診断が適切にできるのだろうか？　学習困難な状況は、クラス担任がすでに知っているのではないだろうか？

ＡＤＨＤとＬＤを同義語にすると、かかわり方や指導法や改善方法に的確さを見失うことにもなりかねない。ＡＤＨＤとＬＤは別々に把握すべきである。両方の状態が同時に存在している場合には、まずＡＤＨＤの改善を最初にしないと、学業へ向かう態勢が整わないはずである。

ＡＤＨＤ状態の改善には、薬物療法などの医療が大きく貢献するし、ＬＤ状態の改善には、教育現場の力が不可欠である。そして付け加えると、両者とも心情的なかかわりが重要となる。さらに、病院では〝ＡＤＨＤ〟と記録することが経営上必要であろうが、学校ではＬＤラベルを貼る必要はないと確信する。

〝できない子、のろまな子、不器用な子、運動神経がにぶい子、字が下手な子、計算が遅い子、舌足らずな子〟などという従来の言い方をせずに、ＬＤと言ったほうが聞こえがいいという発想ではなく、〝できない子〟などというマイナスのとらえ方自体を止めるべきで、一人一人の特性を配慮した愛情のあるかかわりがあれば、ＬＤラベルなど貼る必要がないと思うのである。

2

アメリカにおけるＬＤ認識の現状

アメリカのＬＤ認識

カーク博士が、学習場面で問題をもつ子供たちのさまざまなグループを一つにまとめて、〝ラーニング・ディスアビリティーズ（ＬＤ）〟と命名してから33年後の１９９６年に、私はフロスティグ・センター（学習場面で困難を呈する子供たちの研究施設）に当てて手紙を出した。そして、アメリカではＬＤ教育がどのように展開されているのかについて、いくつかの質問をした。

しばらくして、フロスティグ・センターのリサーチ・ディレクターであるラスカインド博士から、質問に答える内容の、分厚い印刷物が送られてきた。その資料はアメリカのＬＤ分野の近況をよく伝えているので、以下に紹介したい。

ＬＤ分野の現状

全米で、特殊教育のサービスを受けている子供のほぼ半分、あるいは政府によるＬＤ定義を判断基準として用いた場合、全公立学校人口の約５％が、ラーニング・ディスアビリティーズという判定を受けている。

同時に、ＬＤは相変わらず人々に理解されにくく、論争されるテーマとなっている。そして、一つのＬＤ状態が他の能力の知的な強さを侵してしまうことで、その子供の生活を左右すると考えられている。

実際にこの分野は、生徒増加で悩まされたり、ＬＤの定義や診断基準、評価の手順、そして教育政策について議論したり、意見の相違があったりする状況を、なおも続けているという。

読みの問題

ＬＤは、読みのできなさ（Reading Disabilities《リーディング・ディスアビリティーズ》）や読字困難（Dyslexia《ディスレクシア》）と同義語ではないが、ＬＤに関して準備されている情報のほとんどは、〝読みの問題〟に関係している。そして、ＬＤ児童の大多数は〝読み〟に彼らの本質的な欠陥をもっていると言われる。連邦の法規のもとでのＬＤ定義の重要な部分は、圧倒的に言語に関することなのである。

学業成績と知能の落差

連邦の法規に基づいたＬＤの概念は、学業成績と知能の落差（Discrepancy《ディスクレパンシィ》）に焦点がおかれている。落差とは、知能があり勉学の機会もあるのに学業成績が劣る状況をさす。

ＬＤの研究をしているジグモンド博士はその著書の中で、「ＬＤとは、知能があるように見える子供に、予期せぬ学習の問題があることを意味する」と簡潔に述べている。子供にＬＤ状態があると判定するための一般的なテストやテスト・バッテリー（数種類のテストの組み合わせ）、あるいはその基準となるものはないが、ＩＱ数値と学業成績の落差は、ＬＤ状態を認める根拠として広く受け入れられている。

貧困によるのか、ＬＤ状態なのか

貧困と学習することの支障は同時に起きることがよくあり、お互いに他を悪化させる傾向がある。連邦議会は、学習すること自体に問題のある（ＬＤの）子供たちと、貧困のため学習ができない子供たちとを分けて、それぞれの援助プログラムを確立させた。

初等中等教育条例の第1条は、経済的に不利な状態にある大勢の子供たちを援助するため、学校内での補助的プログラム実施基金を規定している。この規定における議会の意図は、貧困が本来的な理由で学業成績が劣る児童には、LDのための教育援助を除外するということにある。

学習に問題をもつ子供たちは、LDの教育条例のもとで援助を受ける資格を有するが、貧困が本来的な理由で学業が劣る子供たちは、LD援助の対象ではないということを明確にしたのである。

しかしながら、LDの教育分野で（そしておそらく精神遅滞の教育分野で）、学習のできなさが〝LDによるか貧困によるか（精神遅滞によるか貧困によるか）〟を明確に区別することは非常に難しいし不可能でさえある。そして、この除外的な実施（貧困が原因の場合はLD援助を除外）を支持するための経験的なデータがないのが現状である。

望ましい早期のLD認定

〝知能と学業成績の落差〟をLDであるかないかの基準に用いることは、〝待つことで失敗する〟ことを促進することにもなりかねない、という意見もある。なぜなら、IQと学業成績の間の意味のある落差は、一般的に8歳から9歳頃まで発見することができないのである。

実際にほとんどの学区域で、子供がその学年のレベルよりずっと劣る〝読み〟状態を示すまでは、その子供をＬＤであるとは認定しない。その時期は、一般的に3年生か4年生にあたる。

この時期までに、子供はすでに、少なくとも2〜3年間、学業での失敗を経験しているはずである。そして恐らくその2〜3年間に、クラスメートがマスターした学習教材を取りこぼしたために次への積み重ねができず、勉学の意欲も半減し自負心も低くなり、最悪の場合、日々の登校を渋るようになる。

不調の重さがどんなレベルであっても、ＬＤと認定されず、治療的なかかわりがなく、長期間が過ぎれば過ぎるほど、改善への手立てが簡単でなくなり、子供に適切に応ずることがより難しくなることは明らかである。

とりわけ、〝読むこと〟に落ちこぼれる可能性のある子供たちは、もしも効果的な改善結果が予期されるならば、9歳になる前にＬＤであることを認めるべきであると、研究データは強く示唆している。

たとえば、407人の生徒を成長過程に沿って、長期に調査したデータがある。それによると、9歳かそれより年長になって、初めて〝読み〟においてLDと認定された子供たちの74%が、中学高校を通して〝読み〟の成績が100点満点中25点以下にあり続けたと報告されている（早期の治療がLD状態を回避したデータもある）。またどんなレベルのLD児であっても、読みの授業でより長期に落ちこぼれることを経験した子供たちは、学習と行動場面で適応困難が生じ、改善への手立てが複雑になることが予想されている。

こういった事情のもと、現行のLD定義や落差基準が十分でないならば、なぜ学校はLD判定に他の手段を採用しないのだろうか、などの意見もある。しかし、LDであることの正確な証明には、概念的なこと（LDとは何か）や方法論的なこと（どのようにしてLDを証明するか）について、障壁が山積みしている。

アメリカのLD分野には、依然として、LDというラベルが生まれたときと同じように、多くの解決されねばならない問題が続いているようである。

学際的協力の必要性

LD状態については、教育学、心理学、神経学、神経心理学、眼科学、精神医学、言語病理学等の、さまざまな分野の専門家が関心をもっている。そして、ＬＤ状態について、それぞれの分野固有の異なった見解をもっている。したがって、原因論を重要視するかどうか、診断方法はどうか、治療方法はどうするか、さらに専門家の役目と責任ということにおいて、学問間で論争の不一致が存在している。

ＬＤと認定される子供たちが増えているのは、このような学際的アプローチの影響もあるという意見もある。なぜなら、それぞれの専門家が自身の独特な見解によって子供たちを眺めているから、異なる角度でのさまざまな状態がＬＤになるというのである。

たとえば、検眼医師は子供が視覚的にものを追うことに困難を示すとき、その子はＬＤ状態であると認定するかもしれない。また言語病理学者は、子供の語彙《ごい》と文法的な発達が、その年齢に相応《ふさわ》しいものでないならば、ＬＤではないかと気づかうようになる。教育者は主として、読むこと書くこと、そして数学的計算などにできなさがあるとき、ＬＤではないかと心配するようになる。

このようなことからも、ＬＤ分野における学際的協力が急がれる。

しかし、神経学者や言語学者や精神科医などは、あくまでも子供の部分的な不調状態を治療する存在であり、学習指導とともに一人の人間としての子供全体を育むのは教育者である。かつて武者小路実篤は「虫食い葉ばかり見ないで木の全体を見よ」と指摘したが、子供の注意欠陥や神経的不調などの一面だけを強調して、その分野の専門家が主体となって子供にかかわることは、虫食い葉ばかりを見て対処しているようなものである。

異種の専門分野のかかわりがLD状態の改善には必要であるが、一人の人格者として成長していく子供の、学ぶということの問題を取り上げてLDという概念ができている以上、教育現場が中心となって個々の子供の全体像とかかわり、医学や言語学や心理学は傍らから援助するといった学際的アプローチであることが望ましいと、私は思う。その際、LDラベルがなくても援助体制は可能である。

過度に広範囲なLDラベル

LDというラベルは、いかなる診断的評価をするにしても、あまりにも広すぎる内容をもったラベルであると指摘する専門家たちもいる。

LDというラベルの示す内容が広大すぎるという見解をかかげているスタノヴィッチ博士（国立研究所のライアン博士と共同研究をしている教育心理学者）は、ラーニング・ディスアビリティーズ（LD）という総括的な用語は廃棄されるべきだと主張している。そして、現在あいまいな定義の中で認定されている、ディスアビリティーズ（できなさ）の特定のタイプ（読み困難、計算困難など）のそれぞれに焦点を置いた定義の設定を提案している。

さまざまな状態を含む包括的な用語ラーニング・ディスアビリティーズの内容を考えると、前述した7分野の基礎的学習能力〝聞く、話す、読む、書く、読解、計算、数学的思考〟が浮かび上がる。

なぜこの7分野なのかというと、これらは我々が何かを学ぶときに、それぞれのケースに応じて最低限必要なものだからである。たとえば身近な例で、運転免許を取る場合も、ドライビング・スクールで教師の話を〝聞き〟、教材を〝読み、理解する〟などの学びができなければ、そして、テスト用紙に〝書き込む〟ことができなければ、運転に対する感覚的な技能があったとしても合格に至らない。

他に、何かを学習をするときに必要な基礎的能力を思いつけば付け加えればよいが、一般的にこの7分野がＬＤリサーチの対象になっている。

7つの異なる分野の〝できなさ〟を、ＬＤという一つのラベルで明確に定義づけできると期待することは非現実的である。なぜなら、〝計算のできなさ〟だけなら簡単に定義できても、7分野全部のできなさをひっくるめて定義しようとすれば、定義そのものがあいまいになることは明らかである。

さらにＡＤＨＤ（注意欠陥・多動性障害）状態なども含めてＬＤを定義してしまうと、それぞれのディスアビリティーズ（できなさ）の重要な特徴を不明瞭にし、研究で発見したことの応用も困難にすると、スタノヴィッチ博士は指摘している。

ＬＤ状態とは7分野のうち1つ、または2つか3つの〝できなさ〟がある状態をさすのであって、全部ができない場合は、前にも述べたが、それはＬＤではなく知恵遅れの可能性が大きい。7つの分野の〝できなさ〟をそれぞれに定義するほうが、従来のようにＬＤを包括的に定義するよりもずっと容易であり、しかもその定義を効果的に利用できることが予測できる。

ＬＤ人口の把握や、妥当性のある発現率の見積もりを正確にするための第一のステップは、7つのタイプの〝できなさ〟の明確な判断基準を確立することである。現在アメリカでは、このゴールに向けての大きな功績が〝基礎的読み技能〟の分野において見られる。

社会的な現象としてのＬＤ

ＬＤと認定される子供たちの増加や、ＬＤを理解しにくいことや、定義が難しいことの最も単純な説明として、ＬＤが絶対的な障害ではなく、社会的な目的のために発見され、つくられたカテゴリーであるからだという意見もある。

ＬＤと判定されている子供たちの大多数は、本来備わっている不調ではなく、学習指導のまずさや教育の機会の欠如や、教育的財源の限界などにより起きた学習の問題のケースが多いことも指摘されている。

さらに、〝ＬＤ〟というラベルは、〝スローラーナー〟や〝知覚障害〟あるいは〝ＭＢＤ（微細脳損傷）〟などといったラベルより子供の名誉を傷つけないので、両親や教師たちにとって受け入れやすいのかもしれないという指摘もある。

ＬＤという診断には、低い知能、情緒や行動の障害、感覚障害、そして、文化的経済的な不利は含まれない。それで、ＬＤと判定された子供たちには、精神遅滞や情緒障害と判定された子供たちよりも改善できうるというような、肯定的な結果が期待される。したがって、人々に好意的に受け入れられるのだという。

そういった社会的な要素は、ＬＤ人口の増加の一因となっている。

ＬＤを特殊教育の一分野として定めた法律が初めて履行された１９７６～１９７７年には、全米の学業人口の２・１６％が精神遅滞（ＭＲ）のプログラムのサービスを受け、

1・80%がLDプログラムのサービスを受けていた。それが、1992〜1993年には、MRと判定された子供たちは1・1%に減る一方、LDのクラスに所属する子供たちが5・4%に増加した。

これらの逆転傾向は、MRとLD人口の実質的数値を隠蔽していると指摘される。このようなMRとLDの認定率の劇的な変化は、汚名の少ないラベルの適用を好む傾向を示唆している。過去にあってはMRと判定された状態でも、LD分野ができてからは、LDと認定してしまうケースが増えているというのである。

おそらく、この分野における最も重大な問題点は、正確な定義と理論的な根拠のある分類システムの欠陥である。そのシステムは次のことが可能でなければならない。それは、①7つの分野のLDの判定が確実にできることと、②7つのLD状態と一般的な学習の低成績や他の障害（精神遅滞、言語障害など）との識別と解釈が明確にできることであると言われている。

LDリサーチの領域と内容

I　LD定義

特に基礎的な読み技能の分野においては、ＩＱと学業成績の間の落差（Discrepancy《ディスクレパンシィ》）の有無によってＬＤを十分に確認することはできない（調査機関＝イェール、オンタリオ）。

Ⅱ　読みのプロセス

1　ＩＱと読みの成績に〝落差〟があろうとなかろうと、読み困難な生徒は同じような遺伝学的、神経生理学的（左側頭部の血液の活性化が少ないなど）な問題を示す。これは、〝落差〟の存在が基礎的読み技能のできなさ（Disability）の確かな指標にはならないことを示す（調査機関＝コロラド、ボーマン・グレイ、イェール、オンタリオ）。

2　疫学的に見ると、読字困難（Dyslexia）の発現率において男女差はないが、学校では女子に比べ、3～4倍多い男子が読字困難を示す（調査機関＝ボーマン・グレイ、コロラド、イェール）。

3　読む力の不十分さは、発達的な遅れというよりは、むしろ永続的なものである。縦断的調査（同一人物の長期にわたるリサーチ）では、3年生で〝読み不十分〟だった生徒のほぼ74％が、9年生になっても自分の学年のレベルよりも低い〝読み技能〟を示した（調査機関＝イェール、オンタリオ）。

4　読み、理解する能力は、一つの単語の素早い自動的な認知と読み取りにかかっている。一つの語の遅い不正確な読み取りは、読解力が劣ることを予測させる（調査機関＝イェール、ボーマン・グレイ、コロラド、ジョーンズ・ホプキンズ、フロリダ、ヒューストン）。

5　一つの単語を正確にスラスラと読み取る能力は、音素（言語の音的最小単位）で成る分節を読み取る能力にかかっている。単語の音素を知覚することの困難は、読字困難（Dyslexia）の中心的要因である（調査機関＝イェール、オンタリオ、ボーマン・グレイ、マイアミ、ジョーンズ・ホプキンズ、フロリダ、ヒューストン）。

Ⅲ　注意力（Attention）

1　〝注意欠陥〟の正確な分類はまだ用意されていない（調査機関＝イェール）。

2　〝読みのできなさ〟のある生徒のほぼ15％は、〝注意欠陥〟もある。そして、〝注意欠陥〟のある生徒のほぼ35％は、〝読みのできなさ〟もある。しかしながら、この2つのできなさと欠陥は、明確に別のものである（調査機関＝ボーマン・グレイ、マイアミ）。

3　注意力の欠陥は、〝読みのできなさ〟の程度を悪化させる傾向にある（調査機関＝ボーマン・グレイ、マイアミ）。

Ⅳ　遺伝学

〝読み能力欠陥〟について、遺伝学的根拠を示す、極めて強力な証拠がある（調査機関＝コロラド、ボーマン・グレイ）。

Ⅴ　神経学

局部的な血液の研究では、単語認知技能の欠損が、左側頭部における血液の活性化が正常よりも少ないことに関連しているということを示している（調査機関＝ボーマン・グレイ）。

Ⅵ　教授法（Intervention）

1　〝読みのできなさ〟のある人は、アルファベット記号を容易に習得しない。それは、音を聞き取る知覚過程に問題があるからである。それで、〝読みのできなさ〟

のある人は、音韻（語義の区別を生ぜしめる音的最小単位）のきまりを明確に教える高度に組織化された教授プログラムが必要である（調査機関＝ボーマン・グレイ、フロリダ、ヒューストン）。

2　縦断的調査でのデータは、〝読みのできなさ〟がある人には、文脈的な全言語的アプローチよりも、組織的な発音中心の語学教授法のほうが効果的であることを示している（調査機関＝ボーマン・グレイ、フロリダ、ヒューストン）。

〝読み〟に多いLD状態

過去10年間のリサーチで発見されたことは、LDは〝読みのできなさ〟の領域に多いということである。1989年に公立学校で収集したデータの分析では、LDと認定された子供たちの80％が、主たる学習困難を〝読み〟学習にもっていることが分かっている。

さらに、同一人物の縦断的調査や、異なる人々を対象にした横断的調査の結果でも、LDである子供たちの〝読みのできなさ〟率の高さが発見され、〝読みのできなさ〟が、しばしば他の学科や注意力の問題をも引き起こしていることが示唆されている。

学習と注意力の研究が行われているイェール・センターでは、7・5歳から9・5歳の

ＬＤと認定された子供たち２１６人を調べた。彼らは、読みのできなさのある子、数学にできなさのある子、読みと数学の両方にできなさのある子、正常な読みはできるが注意不足のある子、読みと注意力両方に問題のある子と分類され、わずかに25人の児童だけが、自分の年齢に適したレベルの〝読み〟ができたと報告されている。

リサーチによると、〝読みのできなさ〟は文字読み取りや単語認知技能が劣る状態を示すという。これは、音素という音の単位を認識するとき、一つのまとまった音の感じを与える音節と、音節からなる単語を区分する能力の不十分さによって起きると言われる。

文字読み取りと単語認知に非常な困難を示していた、７年生から９年生の生徒１９９人を調べた結果、その85％以上の生徒が音韻を識別する検査で、明らかに不十分さを示していたという。

この〝読みのできなさ〟のある子供たちの、音韻知覚に問題があることについて、スタノヴィッチ博士は、「読み技能が劣る生徒には、スペルを音に変える際の困難があることは、疑う余地がない」と述べている（このことは、漢字は別として、一字を一音に変えるだけの日本語にはこの種の〝読みのできなさ〟がないことを示唆している）。

さらに、子供の健康に関与する国立機関（ＮＩＣＨＤ）の調査や、コロラド、ボーマン・グレイなどの調査機関では、これらの音韻に関係する〝読みのできなさ〟は、神経生物学的、遺伝学的な要素に関連していることを示唆している。

遺伝学的、神経生物学的研究から引き出されたデータは、〝読みのできなさ〟は、その〝できなさ〟が社会的に生み出されたものではなく、生物学的に存在するものであることを示している。そして、通常の染色体や神経生物学的な状態との微妙な差異に関連していることを明示しているのである。

繰り返すが、IQ数値と読みの成績の〝落差（Discrepancy）〟をLD判定の指標にすることは妥当ではない。つまり、IQと読みの成績に〝落差〟があってもなくても、音を知覚するのに困難を示すとともに、遺伝学的、神経生物学的な特色をもっている子供たちのケースもあるという。

不運にも、〝読みのできなさ〟は発達的な遅れではなく、永続的な欠損として現れる。このことは、1年生で音韻的概念の理解に遅れた子供たちは、十分で効果的な学習指導がなかったならば、後になって追いつくことはありそうもないことを示唆している。

縦断的調査は、3年生で〝読み困難〟と認定された子供たちの、ほぼ74％が9年生になっても〝読みのできなさ〟を残していることを伝えている。このことは、LD教育が提供されるようになってさえ、事実として存在するという。

小学校低学年で〝読み〟学習に落ちこぼれた児童に、中学年になってから改善を試みても、それは効果がないということを明示すべきだという意見もある。〝読みのできなさ〟はまた、生徒の学習意欲を減少させ、自己概念を低下させるとも言われている。

学習困難を呈する子供たちに対応するためにつくり出されたＬＤ分野であるが、ＬＤであるためには、器質的な根拠が必要である。しかし、その器質的〝できなさ〟は絶対的な障害ではない。器質的なものは永続しても、読みに関しては、早期の適切な対応で改善できることを支持する発見が多いことを見逃してはならないと思う。

ＬＤ診断とＡＤＨＤ

ＬＤ児童のほとんどは、７つのタイプ（聞く、話す、読む、書く、読解、計算、数学的思考）の〝学習のできなさ〟のうち、１つ、または１つ以上の問題をもつ。それとともに、ある種の行動的、心情的な問題が起きることもよくある。そのために、注意欠陥や多動、集中力のなさといったＡＤＨＤの状態もＬＤ診断の一つの指標とされることが多い。

ＡＤＨＤ（注意欠陥・多動性障害）は、障害者教育条令によって承認された障害のカテゴリーには入っていないけれど、医学や心理学ではＬＤを診断する際の指標として、一般的に注目される状態である。しかし、ＬＤと同じようにＡＤＨＤもかなり論争されている課題で、その診断基準は変動を続けているという。

ＡＤＨＤのリトマス・テスト（絶対的診断基準など）はなく、その子供の年齢にしては不適切で、順応の悪い永続的な行動パターン（不注意）に基づいて判断される。過去10年間にＡＤＨＤと診断された児童が劇的に増加していることは明らかであるという。４４５人の幼稚園児を調査した研究の、標準化された教師アンケート（Multygrade Inventory for Teachers）によると、サンプルの７％が不注意状態であったという報告もある。

社会適応の問題

広い意味で、ＬＤのタイプが何であろうと、社会適応の問題が結果として起きることがあることを、ＬＤに関するデータは示唆している。

社会的、心情的なコントロールに関するリサーチで、ＬＤ児の社会的・情緒的適応について研究しているブルック博士は、ＬＤの子供たちが、ＬＤでない仲間と比べて、高い不安とひきこもりと抑圧、そして低い自負心を表すことがあるという報告をしている。

この学習の問題と共存する病的状態が、成人してからも続く場合があるという。

ＬＤ状態の人々をリサーチしているジョンソン博士とブラロック博士は、ＬＤのクリニックにおける93人の成人を対象にした研究で、その36％が、低い自負心や社会的孤立、不安、抑圧、そして欲求不満をもち、カウンセリングあるいは心理療法を続けたことを見いだしている。学業的な失敗の結果として、心情的な問題が起き、社会適応困難を起こしているのだという。

ＬＤの状態が重いほど社会的な問題も重いというリサーチ結果や、ＬＤの女子は男子よりも社会適応の問題を多く示す、という結果も報告されている。

書き表現におけるＬＤ

書き表現のＬＤ状態は、綴りや文章表現、文法や構文法の表記に〃できなさ〃を示す。しかし、書き表現の不調に関するよく計画された研究リサーチは、比較的少ない。書き表現の不調の定義はあいまいさを残しているので、その発現率は学業人口（School Population）の８％から15％に広がる。男女が同じ発現率で〃書き表現のできなさ〃を示すことはよく知られている。

書き表現が不調な生徒を効果的に指導するためには、その学習プログラムの強さと明確さにかかっていると言われる。たとえば、綴りを書写する基礎的な技術を段階的に教えたり、書くことの内容をまとめて組織化する方法を明確に指導するといったプログラムの設定が重要となるのである。

数学におけるLD

数学において明らかなLDと認められている生徒は、計算か数学的思考のどちらか、あるいはその両方に〝できなさ〟を示す。専門家たちは、学業人口のほぼ6%が、算数や数学の学習のできなさをもっていることに同意している。それは、低い知能や感覚器官の欠陥、あるいは経済的不利などによらないものである。

現在データは少ないが、数学的計算技能の不調は、数学的思考の不調よりも多くの頻度で現れている。

読みのできなさの治療

さまざまなの〝読みのできなさ〟に対して、その治療教育が効果的であったかどうかをリサーチすることは容易ではない。それは、学習の効果が、治療教育そのものの成果なのか、その子供の一般的な発達によるのか、その子供が所属するレギュラークラスで同一教材を習った成果なのか、あるいはそれらの要因が合わさったものかどうかを確かめにくいからである。さらに、治療的な学習の大半は、訓練を受けた熟練教師が少ないことで、成功していると は言えないと見られている。

治療教育が効果的に働くかどうかは、その方法によるのか、教師の特性によるのか、子供の状態によるのか、判断しにくいという事情はあるが、1980年代の後期以来、よく計画された多くの縦断的調査（個人の長期にわたるリサーチ）が行われている。

この縦断的調査は、子供たちの小さいころから時を追って続けて介入することができ、〝読みのできなさ〟が高学年になって認定されたケースが、いかに多いかを示唆するとともに、どのように〝読みのできなさ〟に対処したらよいかの情報を示している。つまり、早期治療の重要さを強調しているのである。

たとえば、子供の読み能力について研究しているブラッヒマン博士らは、幼稚園レベルでの音韻的知覚の教授（聞き取り発音指導）は、小学1年になってからの読み技能にプラスの効果があったことを報告している。さらに、〝読みのできなさ〟についての知識をもつ、十分に訓練された教師による適切な教授は、器質的な原因で読みのできなさのある子供たちと、言語生活が不十分な環境にあった子供たちの両者に対し、〝読み〟の落ちこぼれを防ぐことができることを報告している。

ブラッヒマン博士は、都市に住む低賃金の家庭の84人の子供たちについて、次のような報告をしている。

「11週間の集中的な発音指導を、1日20分間1人の教師で行った。それは、異なる音韻的知覚の状態を示す、幼稚園児5～6人のグループに対する指導であった。指導前に、担当教師も14時間の集中訓練を受けていた。11週間の指導が終わると、この訓練を受けた子供たちは、同じ状態の子供たちで訓練を受けないグループの子供たちよりも、発音どおりに正しく読むことに優れていた。この指導を受けた子供たちが小学1年生になって、11週間の発音指導と同じような音韻技能を強調するカリキュラムによる指導を続けて受けると、幼稚園のときに取得した発音どおりの読みを保持し続けることができた」

他の研究者によっても、幼稚園の早い時期からの指導を引き続き行うことで、小学1年生たちが正確な発音を続けたことが記されている。

ＬＤは学び方の違い

フロスティグ・センターのラスカインド博士から送られてきたデータは、器質的な根拠がなければＬＤと判定すべきではないことを明示している。

器質的な根拠が立証されたケースとして、「遺伝的原因による音韻知覚能力の欠損」や「左側頭部の血液の活性化の少なさによる単語認知力の欠損」などが報告されているだけである。ところがアメリカでは、ＬＤのラベルが定められて以来、ＬＤであると判定される子供たちが増え続けている。そして、器質的根拠のないケースが多い。それらは、貧困のために学習の機会がなかったことや、教え方のまずさによる学習のできなさ、あるいは、あいまいな定義によって認定されたケースなども含まれているという指摘もある。

ＬＤ定義の核心は言語にあり、アメリカでのＬＤに関する研究報告のほとんどは〝読みのできなさ〟にあるという。そして、〝読みのできなさ〟の早期発見（幼稚園から小学1年頃）による早期の治療的な学習が、LD状態の改善をもたらすことを、多くのリサーチ結果が示唆している。改善できるということは、LD状態が紛れもなく絶対的な障害ではないことを意味する。

スタノヴィッチ博士は、LDというラベルの含む内容が広範囲すぎるとして、ラベルの廃棄を提案している。LDラベルはさまざまな状態を含み、それぞれの〝できなさ〟への対処が適切にできないことを指摘する。そして、7つのタイプのLD（聞く、話す、読む、書く、読解、計算、数学的思考）のそれぞれについて、明確な定義を定めることを提唱している。そして、1つのラベルでもって、7つのタイプのLD状態をすべて定義づけることの非現実性を訴えている。

読みのできなさがあって、注意欠陥状態のケースもあるが、前者と後者は、明らかに別の原因によることが示されている。そして、読みのできなさの治療教育では、組織的な発音中心の教授法が文脈的な全言語的指導よりも効果的であることや、注意欠陥・多動の子供の指導においては、組織的なカリキュラムでは失敗することなどの報告もある。

これらのデータは、アメリカではLDという定義、器質的根拠の発見、教授法などについて、さまざまな研究やリサーチが継続的に行われていることを示唆している。また、アメリカでは〝学習のできなさ〟をＬＤととらえていることが判然とする。しかし、調査をしたわけではないが、経験的に日本では、注意力や集中力に問題があったり、衝動的であったり、感情が激しかったり、多動であったりする状態や、知恵遅れ気味な状態をＬＤとする傾向にあるという気がする。

注意欠陥・多動性障害（ＡＤＨＤ）で薬物療法が必要な場合は、ＡＤＨＤというラベルのもと、病院で治療しなければならないし、知恵遅れならば、その方面の教育を受けなければならないと思う。それらにはそれぞれの適切な対処が必要である。そして、〝学習のできなさ〟に対して適切な対応を考える時期が、今きているのではないだろうか。それは一斉に同じ指導をするのではなく、子供一人一人の学び方の違いに見合った対応である。

フロスティグ・センターのＬＤ教育

ＬＤ教育は特殊教育

１９８２年に、私はＬＤ児童が学ぶフロスティグ・センターで３日間の見学をすることができた。

フロスティング・センターは、マリアン・フロスティグ博士（Marianne Frostig）が設立した、学習場面で問題を呈する子供たちのための研究施設である。そうした子供たちを教育する学校（フロスティグ・スクール）も併せて創設された。

かつてナチスの力がヨーロッパを支配した時代に、障害児教育に携わる教育者たちが合衆国に移民として渡った。マリアン・フロスティグもその一人で、１９３８年に渡米している。

フロスティグ博士は、渡米前はオーストリアとポーランドで、精神医学部門のソーシャル・ワーカーとリハビリテーション・セラピスト（社会復帰のための臨床医師）として働いていた。その後、心理学者としての教育を受け、精神遅滞、非行、ＬＤ児童らの特殊教育の発展に貢献した。特にＬＤ分野における影響力は絶大であった。

18年前のフロスティグ・センターの様子は、現在とは教育方針に大きな違いがあったが、それでも教えられることが多かった。

まず、初めてそこで学ぶ子供たちを見て、普通学級の子らと同じ様子であったことに驚いた。アメリカではＬＤ教育は特殊教育の一分野にされているということで、日本の特殊教育を受ける子供たちを思い浮かべながら教室に入ったので、皆が健常であることに「おやっ」という印象をもったのである。

特殊教育イコール障害児教育という経験しかなかった私は、なぜこの子らを特殊教育の分野に位置付けるのだろうと考えているうちに、ハッと気づいた。アメリカでは、ギフテッド（優秀児教育）も特殊教育の一分野なのである。特殊教育は障害児教育を意味してはいない。そのとき、このセンターは個人の特性を重視した教育をする場なんだと思い至り、目から鱗が落ちるような気がしたことを思い出す。

センターでは、読字困難（Dyslexia《ディスレクシア》）や数の概念が摑《つか》めないなどの〝学習のできなさ〟

に焦点を当てた治療教育や訓練が行われていた。

コンピューター・ルームには、数台のコンピューターが置いてあって、子供たちは画面で算数の加減の勉強をしたり、図形を作ったり、作文をしたりして、楽しそうに学習していた。担当の先生が、「彼ら、マシーンの使い方、私よりうまいの」と言って、両手を広げた。私も上手だと思った。

読字困難のクラスでは、15人ほどの中学生が一斉朗読をしていた。彼らの読み声は、低く静かでよく合っていた。一斉の朗読は、他人の読む声を聞いて自分の発声を調節する意味があるのだろう。アメリカの俳優だったトニー・カーティスの二人の息子たちも読字困難で、ここで学んだとセンターのディレクターが教えてくれた。

低学年のあるクラスでは、算数の加減の学習をしていた。7人の児童に、1人のマスター・ティーチャー（修士卒）と2人のアシスタント・ティーチャー（学士卒）の3人がつき、懇切ていねいな指導をしていた。黒板で計算をしている子、計算器の使い方の練習をしている子、数え玉を分けている子など、自分に適した教材で学んでいた。

体育館では感覚運動をしていた。床の上にいろいろな色の円が置かれ、教師が表示する色の円に、素早く移動することが繰り返し行われていた。

終わりの時間に近づくと、子供たちはシャツを脱いでマットに横たわる。すると、担当の先生が、シッカロールで肩や背中をさすってあげる。子供たちは、ふーっとため息をついたり、クックックッと声を出して笑ったりした。このリラクゼーションで子供たちは心身をゆっくり休めるのだと、担当教師は言った。

センター見学後、私は、LD定義のあいまいさに比べ、実際の教育活動はなんと分かりやすいのだろうという実感をもった。

たとえば、計算困難な子には、具体的な物を使っての数合わせや計算器の使い方の学習、文字を逆に書いたり、とばして読む子には、正しく読んだり書いたりする治療的な学習といったように、一人一人の子供の〝できなさ〟に手が差し伸べられた、ていねいな学習が行われていることに疑問の余地はなかった。

1985年にも私は同センターを見学したが、1982年のときと内容はほとんど同じで、〝できなさ〟への治療教育ということが重視されていた。それは、視聴覚や運動感覚への直接的な働きかけという印象であった。

その後、センターでは、長年のリサーチによって得た結果を生かし、効果的でない教育方法は除かれていった。現在では、子供の〝できる〟ことに重きを置いた教育が行われている。

効果的な縦断リサーチ

１９９９年6月初旬、私はロサンゼルスの北東に位置するアルタディーナに、フロステイグ・スクールを訪ねた。１９８５年に訪ねたときとはスクールのある場所が変わり、１９８７年に新しい建物になったことをそのとき知った。

マリアン・フロスティグ博士は、１９４０年からＬＤ現象についてのリサーチを先導し、その精神は今日までも関係者に引き継がれている。フロスティグ・センターのリサーチは、すべてＬＤ児への教授法に生かされ、それは彼らが満足して学業を達成し、生産的に生きるためのよりよい手助けとなっている。

センターのリサーチ部門は、このスクールに在籍していた生徒を、30代半ばまで追い続け、彼らのLearning Disabilities《ラーニング・ディスアビリティーズ》（学習のできなさ）が克服できることを証明するという、意味深い縦断的調査を行っている。

１９８５年6月20日、フロスティグ博士はドイツでの講演旅行中、突然に亡くなられた。私はその年の4月１日に博士に当てて手紙を書き、ＬＤについて疑問に思うことを質問していた。5月4日付で、博士から丁重な直筆の返事をいただき、そこには博士が執筆した書物の紹介と、7月にマウント・セント・マリー・カレッジで行われる予定のサマー・コースへの案内が書かれてあった。

その約2カ月後の6月26日に、フロスティグ・センターのヨランダ・ロペッツという当時の教育ディレクターから博士の訃報が届いた。私はそのときはまだサマー・コースへの申し込みをしていなかったので、博士がディレクターのヨランダ氏に私のことを伝えてくれていたのだろうと思うと、博士の誠実な人柄が偲ばれ、亡くなられたことがとても残念でならなかった。

フロスティグ博士は、知覚教育を強調し、視知覚教育の教材を開発され、その日本語版も出版されていた。しかし、長年のリサーチで、博士が考案した視知覚教育は効果がないということが見いだされ、現在のフロスティグ・スクールでは、その教育は行われていない。博士が亡くなられた2年後、センターは建物とともに、スタッフも経営方針も刷新された。センター内に、スクール部門、リサーチ部門などの組織ができ、今日に至っている。

大きく変化したことは、入学するときの検査である。以前はフロスティグ・センターで開発したテスト・バッテリー（数種類のテストを組み合わせたもの。たとえば、感覚テスト、視聴覚テスト、学力テスト、IQテスト、運動力テストなど）を使って、センター独自で実施していた。現在は、生徒の所属するスクール・ディストリクト（学区域）で、親の要請に応じてテストが行われる。その結果をもって、フロスティグ・スクールへの入学も可能になる。

そして、子供たちへの指導方針も変化している。後に紹介するが、フロスティグ博士による1971年のエディー君（仮名）のケース報告では、弱い面への対応が主体となっていたが、今回（1999年6月）の見学では、弱い能力への対応を強調するのではなく、一個人の全体に働きかけて、そのうえで強い面、弱い面などへの対応をしていることが観察された。そのことをラスカインド博士に確認すると、「その通り」という応答があった。

フロスティグ・スクールのパンフレットには、「我々のゴールは、LDとされる個人のDisabilities《ディスアビリティーズ》（できなさ）にではなく、Abilities《アビリティーズ》（できること）に焦点を当てて、彼らを指導激励することによって、彼らの人生の成功を生み出すことである」と記述されている。

学ぶことに真剣に取り組む子供たち

フロスティグ・センターのリサーチ・ディレクターであるラスカインド博士は、私の訪問に当たり、小学部のひとクラス（3〜4年生のクラス）を見学できるように配慮してくださっていた。1999年6月4日のことである。その教室は、デビー・シャピロ・マスター教師と2人のアシスタント教師のクラスだった。

子供たちはみんな、どの時間も一生懸命に学んでいた。フロスティグ・スクールの子供たちの入学資格として、平均か、平均以上の知的レベルが要求される。学ぶ姿勢の質の高さは、見学する者にもよく分かった。

しかも、メディケイション（薬物療法）が適切に行われているせいか、多動や注意欠陥などの行動的問題を呈する子供たちは見受けられず、教師の懇切ていねいな個別の対応にどの子も誠実に応え、真剣に学ぼうとしていた。

シャピロ先生が、「あの子は落ち着きがなく、集中力に問題があるのよ」と指摘した子が、真剣に学習に取り組んでいたので、「そのようには見えないですが」と私が言うと、「メディケイションが行われているから」という答えであった。このクラスでは、11人中5人が薬を処方されていた。

ADHD（注意欠陥・多動性障害）によって学習に支障をきたす児童に対しては、メディケイションが適切になされ、そのために行動的なことで学習困難を起こすことはなくなっているという。薬の必要な子供たちは、一日に一度オフィスに行き、職員に薬をもらい、その場で服用していた。それぞれの掛かり付けの医者によって処方された薬が、オフィスに保管されているとのことである。

私が見学をした時点では、スクール全体で（90人在籍中）約30人が、メディケイションを受けていると、担当の職員が語っていた。私は、メディケイションについてのリサーチも継続されているはずだと思ったが、そのことについては、追って考えていくことにした。

シャピロ先生の教室の黒板に、その日のスケジュールが次頁のように書かれていた。

私が入室したとき、クラスは算数の時間の半ばだった。11人は3グループに分かれ、それぞれのレベルでの学習をしていた。

3ケタの加減、小数の加減などをやっていたグループは、1人のアシスタント教師に見守られ、各自が黒板に出て、自分の計算の成果を発表していた。

$$\begin{array}{r} 6.004 \\ -5.832 \\ \hline 0.172 \end{array}$$

$$\begin{array}{r} 4.00 \\ -0.66 \\ \hline 3.34 \end{array}$$

$$\begin{array}{r} 333 \\ +497 \\ \hline 830 \end{array}$$

$$\begin{array}{r} 900 \\ -897 \\ \hline 3 \end{array}$$

この箇所は全員がクリアしていた。

June 4th. Friday

8：15— 8：30	Journal（日々の生活発表）
8：30— 9：20	Math.（算数）
9：20—10：00	P. E.（体育）
10：00—10：10	Nutrition（おやつ）
10：10—11：40	Reading Centers（読解）
11：40—12：40	Lunch（昼食）
12：40— 1：10	Plant Poem（詩作り）
1：10— 2：00	Drama（劇文学・演劇）
2：00— 2：30	Science（科学）
2：30— 3：00	Friday Final（金曜日の出来事）

そのときシャピロ先生は、いわゆる算数のＬＤと思われる子供たちの指導に苦戦していた。トーマス君（仮名）は、読解も作文もスピーチもギフテッド（優秀児教育）のレベルだったが、割り算の筆算がうまくいかなかったのである。

どのようにうまくいかないのかをじっと観察すると、できなさは、次のようであった。

左記のような計算のとき、普通はまず、［7÷4］を考えて、7の上に1を立て、掛け算をして7の下に4を書き、引き算をしてその下に32を書く。次に［32÷4］で、8を2の上に書き、答えは18となる。

$$4\overline{)72} \quad \longrightarrow \quad \begin{array}{r} 18 \\ 4\overline{)72} \\ \underline{4} \\ 32 \end{array}$$

トーマス君は、この計算の作業に手間取るのである。やっていて、その手順が混乱してくるらしい。

シャピロ先生はトーマス君に、掛け算九九の表を渡していたから、彼は九九の暗記も困難だったのかもしれない。

しかし英語では、日本語のように「にいちがに、ににがし」というような覚えやすい方法はないので、どの子も苦労はするらしい。特にトーマス君は、掛け算練習表を見ながらの割り算の勉強であった。

シャピロ先生は、トーマス君に渡したプリントの上部に［DMSB］とメモしてあげていた。つまり、初めにD（割り算）、次にM（掛け算）、そして三番目にS（引き算）、最後にBring Down《ブリング・ダウン》（降ろす）というように、割り算の手順を書いてあげたのである。

それにもかかわらずトーマス君は、私が見ている間も間違えていた。1を立てるところに2を立てていた。

$$\begin{array}{r} 2 \\ 4\overline{)72} \\ 8 \\ \hline 2 \end{array}$$

これを見たシャピロ先生は、丸を7個書いて、4つがこの中に何回入っているかを、トーマス君に考えさせた。

先生は4つを枠で囲って、「残りが3つしかないので、4つは1回しか入っていないでしょ」と説明した。トーマス君はやっと分かって1を立てた。ところが、［7－4＝3］の、3をBring Down（降ろすこと）しないで、2の上に書いてしまったのである。

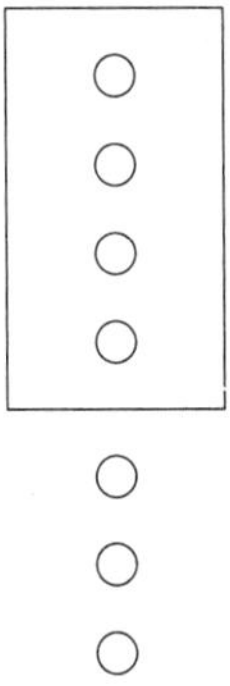

$$\begin{array}{r} 13 \\ 4\,\overline{)\,72} \\ \underline{4} \\ 12 \end{array}$$

そこでまた、手順の指導が始まった。なぜB（降ろす）の明記が必要であったのか、私はそのときやっと分かったのである。

トーマス君は、こういう手順を踏む学習に苦手を示すLD児であった。器質的な根拠が見いだせず、リーディングやスピーチや読解力も優秀であるのに、割り算の計算がこのように手間取る場合、そのDiscrepancy《ディスクレパンシィ》（この場合、能力の個人内差）をもってLDであると判定されているケースである。

シャピロ先生は同時進行で、隣の席に座るクリストファー君（仮名）の時刻読み取りの学習にも苦戦していた。

クリス君とシャピロ先生の間には大きな時計があって、先生の動かした時計の針が何時何分なのかを読み取ることに、クリス君は必死だった。

クリス君の他の分野は、ギフテッドではないが普通レベルの成績だとシャピロ先生は言う。しかし、クリス君は、泣きそうになりながら時刻読みの練習をしていた。

私は小学1年生のとき、五線紙上の音符をじっくり考えないと読めなかった（たとえば、一番下線の音はミだと分かること）。それと同じように、クリス君は、ある場所に位置するものの意味を把握することが苦手のようだ。私は今では五線紙の階名を読めるので、クリス君もこの努力によって、時刻を迷わず読めるようになるのではないかと考えながら、彼の苦戦を心の中で応援した。

このような子供たちの学習上の問題は、現段階では、脳や神経を直接いじったり、薬を飲んだりして解決することはできない。シャピロ先生たちが取り組んでいるような、きめ細かな忍耐強い指導を通しての全人間的なかかわり、まじめに取り組む子供たちの努力があって、よりよい状態が築かれていくものである。

次のリーディングの時間も3グループに分かれていたが、算数の時間との違いは、全員がローテイションで3人の先生のコーナーに行き、異なるタイプの読みの学習をすることであった。

シャピロ先生のコーナーでは、かなり高度な読みの教材が使われていた。ロビンソン・クルーソーの冒険物語をほとんどの子が興味深く読んでいた。算数の計算が苦手のトーマス君などは、大人のような語り口で、その内容を説明していた。

そこの教材をマスターした子供は、アシスタント教師のローレンス先生のコーナーに行く。そこでは、毎週、ボキャブラリー（語彙《ごい》）の学習をしていて、1週間の教材を金曜日には全員がマスターするように、周到な準備がなされている。たとえば次のようである。

(1) 教師が12のスペリング・リストを発表し、各自に書かせる。
(2) スペリングの事前テストをする。
(3) 間違えた単語1つにつき、4つの色を使って練習させる（レインボー・トレイス）。

(4) 12の単語をＡＢＣオーダー（アルファベット順）で書かせる。
(5) 1つの単語ごとに、その単語を含んだ文章を書かせる。
(6) スペリング・テストをした後、誤字をテスト用紙の空白に正しく書かせる。
(7) スペリングに関しての1週間の自己評価を記録させる。

以上のようにして、全員がその週に習った単語をマスターしたら、次のアシスタント教師のコーナーに行く。

次のコーナーは、童話が教材になっていた。絵本を見ながら、朗読のテープを聞く。聞き終わったら、みんなで内容を話し合う。それを各自のノートに記録する。

記録が終わったら、教室に備え付けのコンピューター・コーナーに行き、そこで言葉を打ち込む作業をする。童話の内容の主語だけが書かれてあったり、接続詞が書かれてあったりする画面に、ストーリーの続きをタイプして、自分の文章を綴っていく。子供たちは、低学年のうちにコンピューターの操作技術をマスターするそうだ。

この3つのコーナーを回りながら、子供たちが多くの意味深い読み学習ができるように計画されていた。ＬＤとされる彼らが、これほど集中して学ぼうとする場面を見ることを、私は予想していなかった。

他にも、ローレンス先生の「図示された植物の葉の縁に詩を書いていく」というアイデアたっぷりの教材にも、童話が早く終わった子供たちが生き生きと取り組んでいた。


午後になって、教育ディレクターに中学（ミドル・スクール）と高校（セコンダリー・スクール）のクラス見学の追加をお願いすると、予定外なのに、快く受け入れてくださった。ミドル・スクールのクラスでは、10人の生徒が教師を囲むコの字型の席について、科学教材を読んだ後の話し合いをしていた。読後感は宿題であったらしく、それぞれが自分の書いてきたレポート用紙を広げて報告していた。

授業中の姿勢は、下を向いたり、机に伏せたり、片膝を組んだり、眠そうだったりして、この子たちは聞いているのかなと思わせるのだが、先生やクラスメイトの発言に異論や意見があるとき、机に伏せていた生徒が急に挙手をして、「アフリカに住む動物の生態」などを話し始める。要するに見た目はどうであれ、学ぶ姿勢をもっていて、皆よく聞いていた。そのことについて私が感心していると、日系4世の若い女性のアシスタント教師が、「表面的な姿勢など問題ではない」と言わんばかりに、ほほえんでいた。

セコンダリー・スクールのクラスは市民法の時間だった。生徒が5人しかいなかったが、授業は活発だった。やはり、宿題として、駐車のルールや警察のかかわる範囲などについて、自分の意見をワープロで打って持参していた。

生徒たちの発言や、レポートに書かれてある論調の優秀さに驚いた私は、そのことを市民法担当のフラゴソ先生に話した。先生も「彼らは非常にブリリアントである（才能がある）」と、驚きの表情で目を丸くしていた。そのレポートのコピーをいただけないかと尋ねたら、個人のプライバシーの問題があるので、それはできないとのことだった。

フラゴソ先生は、担任ではないので生徒の事情を詳しくは知らないがと断ってから、彼らには何か一つ〝できなさ〟があるか、あるいはADD（注意欠陥障害）などの問題をもっているのだろう、とコメントしてくださった。

しかし、ADDなどの問題は、小学部同様、メディケイション（薬物療法）が適切になされているせいか、そのことでの困難は、学習場面では見られなかった。

「学校の送り迎えの父兄への駐車違反のチケット発行」について、7年生のデカプリオ君（仮名）の発言が理路整然としていたので、彼は数学も優れているのかと聞いてみた。フラゴソ先生は、数学の教師の所に行って、デカプリオ君の提出物を1枚借りてきた。次の2問が解かれていた。

$$\frac{9}{X+2}\times\frac{X^2+2X}{36}=\frac{X}{2}$$ ──→ これは $\frac{X}{4}$ が正解。

$$m\times\frac{m}{8}=\frac{m^2}{8}$$ ──→ これは正解である。

これを見ると計算のＬＤでもないようだが、詳しい情報を得ることはできなかった。

しかし、高校のクラスでも小中学校と同様に、学ぼうとする子供たちの真剣さを感じることができた。

シャピロ先生に、日本で〝学習障害〟と訳されているＬＤ用語についての私の意見を話したところ、自分もＬＤとは〝Learning Differences《ラーニング・ディファレンシス》（学ぶ状態の違い）〟とする方が適切だと思うと言っていた。

フロスティグ・スクールのプログラム（１９９８〜１９９９）

１９９９年６月にフロスティグ・センターを訪ねたとき、スクール・プログラムについて詳細に記述したコピーをいただいた。その内容は「ＬＤとは？」についてかなり適切に把握できる要素を含んでいるので、ここに紹介したいと思う。

①前文

教育療法施設フロスティグ・センターにおけるフロスティグ・スクールは、マリアン・フロスティグによって１９５１年に創設された。スクールは広大なロサンゼルス・エリアにあって類のないものである。

このプログラムは、重度な感情的動揺のある子供たちを除く、Learning《ラーニング・》 Disabled《ディスエイブルド・》

Children《チルドレン》（学習困難な子供たち）のために設計されたもので、十分な領域の学習と支援サービスを提供している。対象は6歳から18歳までの子供たちである。

スクールは、1979年にパサディナにある大きな校舎に移転するまで、ロサンゼルスの西方に位置していた。そして、1987年9月にはアルタディーナに新校舎を建設し、現在に至っている。

②哲学

フロスティグ・スクールのスタッフは、高い質の学習プログラムと、言語的―運動的―社会的―情緒的―創造的な成長を促進するプログラムを、子供たちに供給するために努力している。

スタッフ一同は、〝Whole Child《ホウル・チャイルド》（一人の子供の全体）〟を援助していると確信している。スクールは、子供たちが社会で生産的に生き、充実した人生を送れるように育成するため、ベストな援助をしようとしている。

個別化された、個々の生徒のニーズに適った教育計画を開発することが必須であると、スタッフ一同感じている。この計画は、個々の生徒の強い面と弱い面を把握して、弱い面を補ったり治療に役立てたりするために重要となる。この計画は、子供のもつ最も高い可能性に到達するために子供を援助する教育を活動の輪郭としている。

フロスティグ・スクールは、学際的アプローチを行っている。チームメンバーは、教育計画の実施を通して、生徒の必要を満たすべく協力して活動している。メンバーは、生徒の進歩を評価したり、個々の生徒が必要とする援助を更新したりするために、毎週会合をもっている。

学ぶために満たされた環境を確立し維持するとき、生徒はどんな困難なことにも気軽に取り組めるものだとスタッフ一同は考える。そして、生徒がフラストレーションを処理する積極的な方法を見いだすことに、スタッフは手を差し伸べることが必要であると感じている。フロスティグ・スクールのリサーチで見いだされた、「成功しているLD児が、学ぶ過程にあっては自分の〝逆境〟を当然のこととして理解している」という結論を、スタッフ一同支持している。

③生徒たち

スクールは、平均または平均以上の知的可能性をもつ6歳から18歳までのLD児童に開かれ、子供たちはスクールの学問的志向の高いプログラムから恩恵を得ることができる。

スタッフ一同は、多くのLD児童が、情緒的な問題や他の援助を必要とする問題をもっていることを知っている。これらの問題が、学習環境を崩壊させたり、過度な援助を要求したり、プログラムの範囲を超えたことを要求したりしない限り、子供たちを受け入れ援助する。

フロスティグ・スクールの典型的な生徒は、2年から4年間スクールに在籍するが、在籍が1年未満の生徒、あるいは9年間在籍する生徒もいる。

最近のリサーチでは、フロスティグ・スクールの生徒の90％以上が高校を卒業し、高校卒業者の86％が技術学校や短大や大学での教育を受けている。アメリカの全国平均と比較すると、全米のLDでない生徒の高校以上の教育機関への進学率は76％で、LD生徒のそれは57％である。フロスティグ・スクール出身の生徒の進学率の高さが示される。

フロスティグ・スクールは、100人までの生徒の入学が可能である。約36人が小学生、24人が中学生、40人が高校生である。現在、約75％が男子である。これは、LDと診断される男子が、女子よりも多いことを示す全米のデータと一致している。

④カレンダー

スクールは土曜日と日曜日を除く、午前8時15分から午後3時までクラスがある。木曜日は午後1時40分までで、その後はスタッフの会議と訓練が行われる。

スクール・カレンダーは、パサディナやロサンゼルスのディストリクト（学区域）のカレンダーに従い、1年に180日の授業日をもち、6週間のサマー・プログラムも用意している。

⑤スタッフ

すべての主要なクラスは、ＬＤスペシャリストとして訓練を受けた、経験と資格をもつマスター（修士）教師によって教えられる。

そしてまた、マスターの学位をもつインストラクターが、特別な学科を担当している。アート、ドラマ、ミュージック、コンピューター、サイエンス、文学などを教える教師は、それぞれの特殊な分野で訓練され経験を積んでいる。

職員のすべては、フロスティグ・センターに在職中、専門分野の訓練を受け続ける。さらに、センター外でのワークショップや会議に参加するサポートも受けることができる。

スクールには9クラスあって、個々のクラスは生徒12人が限度である。クラスは1人のマスター教師と2人のアシスタント（学士）教師で構成される。すべてのクラスは、その年の必要に応じて追加のスタッフが準備される。

⑥クラス・グループ

9クラスは3プログラムに分かれている。小学校3クラス、中学校2クラス、高校4クラスである。生徒は、年齢、学年、社会的技能、学業のレベル、情緒的ニーズに基づいて配置される。したがって、各クラスの生徒は、2歳から4歳、2学年から4学年の開きがある場合もある。教材は、生徒の読み技能よりも、むしろ彼らの知的ニーズと学年レベルによって選ばれる。

カリキュラムは、カリフォルニア州のフレイムワーク（教育課程）に合致しているとともに、それに付加した優れた内容を備えている。そして、英語、数学のような中心教科では、各クラスの生徒は小規模な指導上のグループに分けられて指導される。科学や社会科のような知識内容の学習を主とする教科（内容教科）では、より大きなグループ指導が活用される。

中心教科、内容教科のどちらも、教師はグループ学習に重きを置く。このことは、生徒の将来のメイン・ストリーミング（普通校にもどること）や実際の社会生活を成功させる確率を高める。

⑦保護者との連携

親との会議は1年に2回行われる。10月末の第1回会議では、教師と親が生徒についての印象を共有しあい、設計された目標を討議する。

学年末の会議は、生徒の進歩と翌年の計画を検討する。時間があれば、追加的に親と教師のコミュニケーションが奨励される。

親は、1年に2回、郵送で子供の進歩の報告を受ける。学力テストは毎年実施され、親は最終の進歩報告とともに結果のコピーを受け取る。

⑧エレメンタリー・スクール（小学校）・プログラム

子供たちは一日中クラス担当の教師たちに指導される。特別教科（アートやコンピューターなど）はグループ別に指導され、子供の必要によっては他のクラスのメンバーのグループに入ることもある。生徒の年齢は6歳から12歳、学年は1年生から6年生までである。

⑨ミドル・スクール（中学校）・プログラム

中心教科の大部分はホームルーム教師によって教えられる。選択教科と体育は、他の教師やインストラクターに教えられ、そのとき生徒はクラスを超えてミックスされる。生徒の年齢は10歳から14歳まで、学年は4年生から8年生までである。生徒はほぼ5週に1度、成績表を受け取る。最終成績は各学期の終わりに発行される。成績は厳密に個別化されている。

⑩セコンダリー・スクール（高校）・プログラム

4クラスのうち3クラスが部門別になっている。この3クラスは、教科カリキュラムを強調する。4番目のクラスは、さまざまな教師の指導を受け、応用学習を強調している。ケース・マネージャーとしてマスター教師が任命され、生徒の問題などに対応する。生徒の年齢は12歳から18歳、学年は7年生から12年生までである。

成績評価の通知の方法はミドル・スクールと同じである。高校卒業に向けて獲得した、すべての単位を記録した累計的成績表は、9年生以上の全生徒のために保存される。必要なコースを完全に終わるか、学力テストに合格すると、卒業証書がもらえ、それはカリフォルニアで合法的なものとして認定されている。

⑪ホームワーク

すべての生徒は1週に4夜、宿題を出される。ミドルとセコンダリーでは、週末も課題が割り当てられる。それは、各生徒の学習レベルに適したもので、教室で教えられたスキル（技能）の訓練としての意図がある。親の手伝いは要求すべきではない。

⑫スペシャル教科とイベント

すべての生徒は十分に設備されたコンピューターのある実習室で、毎週一定の時間を過ごす。そこで、ワード・プロセッシング（ワープロで文章を作成すること）を訓練する基礎的なコンピューター・スキルの授業が行われる。

全クラスにも、クラスごとにコンピューターを備えている。教師は専門的な技術の訓練や援助をする。このプログラムによって、コンピューター技術は全生徒の基礎的な技術となる。

主なイベントとして、科学博覧会、スペシャル作文プロジェクト、アート・プログラムなどが、毎年予定されている。今までに、作家や視聴覚専門家、そしてその他のプロフェッショナルがこれらのイベントを援助し、応援してくれている。

⑬関連のサービス

スタッフには多くの専門家が含まれている。そして、生徒に必要だと判断されるとき、基礎的なプログラムを超えてその専門家たちのサービスを受けることができる。それらのサービスは、カウンセリング、個人に適応する身体教育、スピーチと言語の治療、個人教授、教育セラピー、そして補助的な科学技術である。

フロスティグ・センターのカウンセリング・スタッフは、ライセンスのある心理学者、ソーシャル・ワーカー、結婚・家庭・子供についてのカウンセラーなどである。必要なときは、家庭に臨床的なサービスを提供する。これは、親の教育、家族療法を含む。

生徒がクラスでは学ぶことができない、高いレベルの内容を学ぶ必要があるとき、訓練された教育セラピストによって個人教授をする準備がなされている。

補助的科学技術サービスは、ＬＤ状態を克服したり補ったりするために、生徒が科学技術を個人的に有効利用できるように援助するものである。

これらのすべての専門家は、学際的チームのメンバーとして機能する。個々の分野の仕事に加えて、専門家たちは必要なとき、生徒のプログラムの修正などに、他のメンバーとともに協力的に活動する。

⑭継続的接触

センターは、生徒がフロスティグ・スクールを去った後も、継続して生徒と家族に接触している。そうすることによって、生徒の人生に成功をもたらした要因は何かなどをリサーチしている。

⑮月謝（1998年9月）

基本的月謝は、10カ月で1万7500ドルである。

カウンセリング、適切な身体教育、スピーチ言語セラピー、個人教育、教育セラピー、補助的科学技術などを受けるときは、追加料金が必要となる。

3

ＬＤと判断された子供たち

ＬＤ状態は克服できる

私は、中枢神経系や生化学的な機能が完璧に働いている状況から、その働きが非常に不調である状況までのどこかの位置に、すべての人は存在しているのだと推測する。そしてこの推測は、ＬＤ分野の初期において、科学的な立証もないのに、多くの学者たちが多動や物覚えのスローな子は微細脳損傷があるはずだという推測をしていたのと同じように、実証不可能なことであると思うが、私は経験的にそう確信する。

私は普通の生活者として生きているが、ある点で自分にもＬＤ状態があると感じている。先にも書いたが、エアロビクスのときの両手足の異なる動きのできなさと、急に片足だちをすると初めに少しぐらつくことなどである。また、あるときテレビをつけたら、化粧品のコマーシャルに出てくる、ある美しいタレントが、スキップを正しくできないでいる場面が映っていた。そのリズムの取れなさというより、つんのめったような動きには、LD状態を感じさせるものがあった。

私のアメリカでのホームステイ先のご主人だったミスター・スペンサー3世（仮名）にも、LD状態があった。それは彼の書き文字である。私は彼の書いた文字を見て、思わず「これはなんですか？」と言ってしまったほど、まずい字体であった。その文字はぎくしゃくとして、文章の並びは曲がり、幼児が書いたような書面だった。しかしスペンサー3世は、平均的な生活者が及ばないほどの成功者であった。彼は若い頃はFBIの職員だったが、後に事業をして成功し、私が滞在していたときはすでにリタイヤしていた。

このように、何かが〝できない〟という状態を、多くの人々が経験しているのではないだろうか。

私が教えた中にも、LD状態であったと思われる山田花子さん（仮名）という生徒がいた。授業中はいつもボンヤリして、時には居眠りさえ出るという状態が受け持った5年生のはじめから続いていた。私がやさしい質問をして山田さんを指名しても、小さい声でもぞもぞと言って、苦笑いをして黙ってしまう。テストにはほとんど何も書いていなかった。

山田さんは、「自分はできないんだ」と思い込んでいるように見えたし、クラスの他の生徒たちも「あいつはできない子」と決めつけているような言動があって、〃できない子〃のイメージが定着していた。

休み時間に、私が「みんなと一緒に遊んだら」と促しても、「いやっ、いいのっ」と振り切るようにして近所に住む低学年の子の所へ走って行ってしまい、山田さん自身もクラスメイトの中に入りたいとは思っていないように見受けられた。

〃学習のできなさ〃と〃学校生活のぎこちなさ〃、さらに〃話すときの舌足らずな発音〃という特徴があり、知恵遅れと見られがちだった。

そのような山田さんであったが、親身になって激励し、放課後、個別にていねいにスモール・ステップで教えていくと、算数の計算ができたり、漢字が正しく書けたりしたので、本人や周囲の人が思っているほど〃知的に低い子〃ではないかもしれないと、担任の私は感じるようになったのである。

それで、山田さんに適切な指導をするために、（父親の許可を得て）知能検査や学力テストなどを行って、実態を把握することにした。検査器具などは、教育委員会の相談室から借りてきて、放課後実施した。

知能検査の結果は、予想どおり、ＩＱが１２６で平均よりも高かった。それまで言われ続けた〝知恵遅れ〟や〝境界線〟という言葉が適切な子ではなかったのである。

言語性検査においては、「一般的知識」が低く「数唱問題」（2ケタ以上の数字を聞いて、順唱、逆唱をする。たとえば5486と聞いたとき、順唱は5486、逆唱は6845、と答える）が高くて、個人内能力に強弱が示された。動作性検査においては、下位検査（検査項目のこと）に個人内能力のバラツキはなく、平均して高い数値を示した。

一方、学力検査の得点は非常に低く、国語も算数も評価段階は1であった。その中で、国語の「聞くこと」の部がわりとよくできていて、55％の正答率を示した。このことと、知能検査の「数唱問題」の高得点は、短時間での記銘力のよさを示唆している。山田さんは、課題を意識させ集中させると、かなりなレベルでインプットする力があると思われた。

逆に、知能テストの「一般的知識」と、学力テスト国語の「読むこと」「書くこと」の部の低得点は、山田さんの過去の学習の積み重ねがなされていないことを示唆していた。学業の積み重ねのなさは、学力テスト算数の「量と測定」の結果にも表れていた。この分野は知識の積み上げがないとできないものであるが、山田さんは、一題も答えることができていない。

これらのことは、今までに詰めこんだ知識の定着に失敗したのか、それとも学習方法や環境に問題があったのかなどの疑問を生み、以下のさまざまな検査や調査へと発展していった。

まず学習適応性検査を行った結果、〝勉強の意欲、授業の受け方、テストの受け方、家庭環境、自主的態度〟の項目が〝問題あり〟となっていた。どのような自己評価をしているのか、学習態度について調べてみると次のようであった。


あなたは人に言われなくても自分から進んで勉強しますか？　――進んではしない。

勉強中に物思いにふけるとかぼんやりすることはありますか？　――よくある。

学校の授業がよく分からなくて飽きることがありますか？　――よくある。

いつも算数や国語などの予習をしていますか？　――しない。

学校で習ったことは復習しますか？　――しない。

授業中、進んで質問に答えたり、分からないことは質問したりしますか？　――しない。

実験や実技のとき、人に任せて見ていますか？　――見ていることが多い。


この自己評価によると、学業不振の要因として、意欲のなさがくみ取れる。毎日のように忘れ物をする、宿題はしない、授業中の放心状態があるなどは、その都度注意しても、河原の石積みのようなものかもしれない。この意欲の喚起にどのように対処すればよいかを探るため、友人関係の自己評価を調べてみた。

学校で遊び友達や勉強友達がいなくて困ることがありますか？　――時々ある。
友達から仲間はずれにされていると思うことがありますか？　――時々ある。
あなたは友達に信用があると思いますか？　――思わない。
みんなと一緒に運動したり勉強したりするのが好きですか？　――どちらでもよい。
友達の勉強ぶりや成績のよいのを見てあせることがありますか？　――ない。
友達との付き合いが気になり、勉強が手につかないことがありますか？　――ない。
勉強のことで友達と励まし合ったり競争し合ったりしますか？　――ない。

この自己評価は、山田さんの友人とのかかわりの希薄さを示唆する。友人との切磋琢磨《せっさたくま》によって自らも向上するという場が作れていないという感じがする。そんな友達を求める気持ちが起きない、孤独な山田さんには事情があった。

幼い頃から父子家庭で、身の回りの世話が十分になされないため、衣服が汚れていることなどが原因で、低学年のときに転校してきて以来、学校で嫌われ、いじめなどもあったという。普通の友人関係もない状況で、友達と切磋琢磨して成長していくことなど、ありようもない山田さんの学校生活であったようだ。そんな環境では無気力になることも無理はないという気がする。

次に基本的欲求検査を行い、その応答から学業に関係のある項目を取り上げてみた。

私は学校の成績がもっとよくなるように、しっかり勉強したいと思う。——はい。

私は先生がいなくてもまじめに勉強したいと思う。——はい。

私は学校で先生や友達と話すとき、いつも自分の考えをもっていたいと思う。——はい。

この応答からは、山田さんの学業に対する前向きな気持ちが読み取れる。この気持ちと現実の矛盾について、さらに生育歴や家庭環境などを参照して考えてみた。

父親との話し合いで分かったことは、以下のようであった。

物心つくに従い舌足らずな物言いで、姉弟に比べると少し変わった性格。
のんきで機転が利かず、協調性がなく、物覚えが悪く、風変わり、忍耐力なし。
日常の言動に劣ったところがあり、姉弟に馬鹿にされた。
勉強を嫌い漫画ばかり見る。
幼いときに母親が死亡。

母親がなく、父親は病弱、本人は変わった性格、姉弟に馬鹿にされるなどの背景が把握できた。生活的に不利な要素と、家族の人間関係からくる心理的要因が山田さんを孤独にし、学校でも嫌われていくとなると、勉強に対しても、そして生きていくことに対してさえも、意欲が湧かなくなってもおかしくはないと、私は思う。

さらに今思えば、父親の話した花子さん像は、ＬＤ的な要素を示唆している。それは、〝舌足らずな物言い、物覚えが悪く、言動が劣る、協調性がなく、風変わり、機転が利かない〟といった面である。

しかし、私が山田さんを指導したときは、ＬＤ定義は念頭になく、学ぶことに問題のある子として、学習指導と校友関係を通したかかわりで状態の改善を目指した。そして、Ｌ

Dという要素には満ちていたが、ＬＤというラベルをつける必要はまったくなかった。

最後の検査は、親子関係診断テストであった。その結果をつき合わせると、父子の評価の一致点と不一致点が表れていた。

両者とも拒否型であったが、子供は父親に積極的に拒否されていると感じ、父親の自己評価は消極的拒否（積極的に拒否していないつもりでも、他の兄弟と比べて否定的なことを言ってしまうことがあるなど）であった。さらに、父親が子供に抱いている不安感を子供は感じていた。拒否、不安という点で父子はグラフに一致点を示した。

一方、父親が期待しているほど、子供は父親に期待されているとは思っていない点や、父子の溺愛数値の差（父親の愛情を子供はそれほど感じていない点）に不一致が見られた。父親に拒否され、不安に思われ、期待されていない、といったことを感じている花子さんの状況は、父親とも望ましい関係はなかったと推測された。

勉強や生活の導き手を欠いた花子さんは、どのように行動すればよいか分からず、漫画を見たり、ただぼんやりと日々を過ごし、それが習性となっていたのではないかと思われた。

しかし、同じ父子家庭で育った姉弟が、学業で成功しているのはなぜか？　そこに、花子さんのＬＤ的要素が浮かび上がる。社会的スキルのなさ（不利な環境でどのように行動すればよいか分からない、協調性がないなど）、言動が劣る、舌足らずな言い方、風変わり、などの特性があって、すべてが悪循環して落ちこぼれた状態で上級生になっていったことが考えられる。

知能検査によるＩＱ数値が１２６であることは、学習できる可能性が大いにある。そこで、調査結果を踏まえて、学習のあり方、本人の習性、対人関係、家庭環境などに改善の要因を求め、担任として、教育援助を次のように計画した。

＊日々の学習指導の中で、非活動性、無気力などに常に働きかけて、花子さんの意欲の喚起を促す。
＊担任の動きに全生徒を巻き込み、いじめや差別のない交友関係をクラスに構築する。
＊父親の拒否的態度や姉弟の侮《あなど》りといった家庭の要素は、父親との対話や通信などを通して、改善に向けて交流していく。

花子さんに働きかけて意欲の喚起を促す始まりは、漢字のテストを通してであった。

毎日5分間テストをしていたが、毎回0点を取るので、少し強く、「あなたなら、漢字は練習さえすればできる学習である。努力していないと思う」と投げかけた。

そのときは、ふんふんとうなずいていたが、なんと翌日のテストで30点を取ることができた。点数が問題なのではなく、担任の励ましに応えたことが大きな一歩だった。

教室の皆の前で大いに激励すると、その次の日は60点になった。こうして、毎日点数は増えていった。ここで、周囲の生徒たちの〝山田さんはできない〟という意識と本人の無気力さを変えるチャンスだと思い、「山田さんはやればできる子なんだ。勉強したら100点になったではないか」といった内容をクラスで話していった。

これと合わせて、衣服の汚れなどについて、「山田さんはお母さんが亡くなって、洗濯を自分でするのだ。多少の汚れがあっても当然だ。友達を馬鹿にすることなどあってはいけない」といった指導をし、本人にも「クラスの友達と遊ぼう」と呼びかけ続けた。

2学期の中頃から、クラスの中で落ち着ける場所を見いだしたような、山田さんの明るい顔が見られるようになった。放課後、クラスの子供たちと運動場を駆け回って、鬼ごっこなどをするようにもなった。

学習にも変化が見られるようになった。小数の掛け算の10問テストでは、一回で満点を取ったりした。ある日、それまで質問などしたことのない山田さんが、次のような計算はどうすればよいかと聞いてきた。

$$\begin{array}{r} 5 \\ -1.4 \\ \hline 3.6 \end{array}$$

教えるとすぐに理解した。学習について質問するなど、山田さんによい変化が起きているという感じを抱かずにはおれなかった。

山田さんは、発音がわるいため、文を綴るときにも誤りが生じた。「つ」が「す」になり、「き」が「ち」になり、促音の箇所も間違えて書く（今思うと、最近のアメリカでのLD研究にある〝音の知覚〟の欠損ということに関係があったとも考えられる）。

次の文は、山田さんが書いた感想文で、表記の間違いが数カ所ある。

わたしたちは足や手がじゆうにすかえるけどすかえない人はかわいそうだ。
からだのふじゆな人でもどうどうとでていけるような国をつくてあげたい。
そうしたらからだのふじゆな人はなんにもなてない人のようにどんなところでもいられると思う。

（山田さんの父親はこの状態について、言語中枢未発達と評していた）

私が誤りの生じるたびに正していくと、「き」と「ち」の間違い（例＝「きこえる―ちこえる」など）は少なくなっていった。

前記の文章には、いじめや差別のないことを言おうとしていることがよく分かる。山田さんが自分の考えを述べていることに、担任として、大きな感動があった。

そのようにして、発表も宿題もする、忘れ物はしない、という好ましい状態ができつつあった。そして、2学期最後の理科のテストは、〈風力・風向〉の単元で、考えなければできないテストであったが、初めて満点を取ったのである。

私はこの生徒を6年生まで受け持ち、卒業までていねいな指導を続けた。

それから20年以上の歳月が経って、私は山田さんのその後を知りたくて、そこにまだ住んでいるという確信もなく、当時の住所を尋ねた。すると、父親が元気で一人で暮らしておられた。

山田さんは、定時制高校を出て、事務員をしている時に出会った人と結婚して、子供もでき、現在は地方に住んでいるとのことだった。昨年、実家の何倍もの大きな家を新築したと、父親は幸せそうに話していた。

「姉弟はそれぞれ一流会社に勤めたが、一番心のきれいなのは花子です。舌足らずで言語神経がおかしいけれど」と、昔と同じようなことを言いながらも、娘のことを自慢したそうなようすであった。

結論として、生育環境に不利な点が多かったことが、学びの環境にも影響し、学習の積み重ねができなかった、と山田さんの状態をとらえたが、父親が経験的に把握していた言語中枢未発達というポイントは、的を得ていたのではないかと思われる。

山田さんにＬＤ状態は存在していたと思うが、ＬＤというラベルをつけて対応する必要はなかった。そして今、彼女はＬＤ状態を克服している。

器質的なものは生きている間続くけれど、生き方次第で、舌足らずの山田さんや、書き文字の字体が整わなかったスペンサー3世のように、ＬＤ状態を補ったり克服したりして、人生の成功者になれる。あるいは、ＬＤ状態をはねのけたアインシュタインやエジソンという偉大な人々もいる。彼らは子供の頃は教室の授業についていけず、教師からはお荷物的に思われていたり、自分の好きなことばかりに熱中して変わり者だと思われていた。しかし、２人とも長じて人類にとって偉大な貢献者となっている。

問題児だったエジソンとアインシュタイン

ＬＤのコース・スタディのとき、ドクター・ウェルズは、アメリカでラーニング・ディスアビリティーズだったと言われている代表的な人物として、エジソン、アインシュタイン、ロックフェラーの３人の名前をあげた（彼らの子供時代にＬＤという用語はなかったが）。

発明家として有名なエジソンは、小さいころは他の子供たちと一緒の行動が取れず、友人から馬鹿にされ、教師に劣等生と思われていたという。その行動は、極度に活動的、調整力が乏しい、固執するなどが顕著であったらしい。

たとえば、小麦粉の倉庫で小麦の山に生き埋めになりかけたり、小川に板橋を架けて渡ろうとして落ちたり、物置小屋を焼いたり、斧《おの》で指を切り落としたりなどの事件の連続であったという。学校では、教師や友達から嫌われていた。勉強しない、気移りが激しい、好きなことには夢中になり、嫌いなことには見向きもしない、強情っぱりなどといった様子で、嫌われるのにも理由があったらしい。

時と場所を考えずに、教師に突拍子もない質問をするので、教師はエジソンをお荷物として扱い、劣等生の烙印《らくいん》を押していたという。毎日毎日、教師に叱られてばかりで、ついには登校拒否状態になった。

こういうエジソンに父親は困り果てたが、母親はエジソンに他の子と違う個性を感じ、叱ることよりも、辛抱強く相手になることに努めたという。そして、家庭での教育を続けたのである。

母親は、8～9歳のエジソンに『ローマ帝国史』『英国史』『ゆううつの解剖』『科学の辞典』といった難解な本を読んで聞かせた。12歳になってからは、ニュートンの『プリンピキア』の勉強をさせたという。さらに文学書もたくさん読ませ、『レ・ミゼラブル』がエジソンの愛読書になった。

働くことの大切さも教え、10歳のときには、家で採れた野菜を車に積んで売りに行かせた。そして、エジソンは、それで得たお金で実験用の薬品や器具を買って、小屋で化学の実験を行った。失敗ばかりだったが、飽くこともせず好きな実験を繰り返したという。こうして発明王エジソンが生まれた。

アインシュタインもエジソンと同じく、教室でじっと座って勉強をする子供ではなかったという。教室のやっかいもので、いわゆる落ちこぼれとされていた。教師の言うことや友人のすることに無関心で、自分の好きなことばかりに夢中になり、孤立して、変わり者と思われていた。

しかし、その子供時代に読んだ本の内容が、アインシュタインの論理の源泉になっていったのである。

13歳のとき、彼はある一冊の本によって、自然に対する理解の目を開かされる。ビュヒナーの『力と物質』あるいは『自然的世界秩序概論』というのがそれであった。

エジソンもアインシュタインも、学校での一斉の行動に乗れず、協調せず、教師の管理下からはみ出し、社会に適応するという点で問題はあった。しかし、自分の好きなことには固執し、学校の勉強はしなかったようだけれど、難解な本を読んでいる。

もしも、一切を管理下に押し込め、好きなことを封じ込め、皆と同じようにさせていたら、精神的に萎縮《いしゅく》して、のちの世に偉大な貢献をするエジソンもアインシュタインも生まれていなかったであろう。

ＬＤというラベルを、どの子にも使う必要はなく、一人一人の子供の特徴をとらえ、精魂込めて教え導く教育現場や家庭があれば、それでよいのだと私は確信している。

適切な訓練で神経系の機能不調を改善

エディー君（仮名）は、1970年の秋、9歳でフロスティグ・スクールに編入してきた。フロスティグ博士が自らの論文の中で彼のことを紹介している（この頃は博士の知覚教育が重視されていた）。

エディー君は、学業に遅れがある、落ち着きがない、けんかっぱやい、不安傾向が強いというような問題をもっていた。知的には低くなく、個別の知能検査でＩＱが１２２という結果を得ていた。脳の機能不調の有無を調べる神経学的検査では、明らかな脳の器質的根拠は見いだせなかった。心理的な要因も考えられていた。

彼は、教室で教師の注意と関心を引くようなことばかりやり、クラスの騒ぎの80％は彼によるものだったという。この状態を改善するために、担任は無理なく達成できる目標を定めた。たとえば、〝隣席の子に迷惑をかけない〟といった簡単なことから始めた。担任は、エディー君がうまくやれたときはクラス全員で認め、彼の努力を友人がサポートするように仕向けていった。

最初の総合テストでは、高いＩＱにもかかわらず種々の劣る面が示された。落ち込みの大きい下位検査（検査項目）については、１９７１年４月に再検査が行われた。

感覚運動機能

１９７０年10月の検査で、エディー君の筋肉の細かい動きのコントロールの悪さ、連続の動きのできなさ、知覚運動のまずさ、動的バランスの悪さ、筋力の弱さが示された。教室で観察しても、エディー君の動きはリズミカルではなかった。そのスローテンポな様子は、知能検査の〝符号合わせ〟の落ち込みと多分一致するものだと、フロスティグ博士は述べている。

エディー君はムーブメント・エデュケーション（身体運動訓練）を受けた。彼は、聴覚による合図での反応が特に弱かったので、動きの始まりや休止の合図に言語や音楽を使って刺激を与えた。

プログラムが進行していくうちに、彼のスローな動作は改善されていった。さらに、落ち着きのなさも減っていき、教師の指示に対する反応も速くなったという。

6カ月後（1971年4月）の再評価で、エディー君は感覚運動テストのすべてに、平均あるいは平均以上の結果を出した。

言語機能

知能検査の、理解、知識、類似（抽象思考を測定）、語彙《ごい》テストに高いスコアを得ていた。また他のテストでも、言語表現と言語理解に高い成績を示した。

知覚能力

〈聴知覚〉

エディー君は、心理言語テストの聴覚連続記憶が4歳10カ月の幼児のレベルであった。そして知能検査でも、数字の連続を聴いて復唱するテストにおいて、低い数値を示した。治療教育では、これらのテストで示された最も弱い面に、特別の指導の手が入った。もっとも弱い面とは、この聴覚記憶であった。

数字の連続を記憶することや、日や月の名前を記憶する学習など、さまざまな聴覚記憶の学習が企画され、実施された。結果は改善したと見ることができる。なぜなら、再テストで7歳7カ月のレベルを示したのである。

〈視知覚〉

エディー君は、多くの視覚の逆転（見るものを逆にとらえる。鏡文字など）を示した。そして、フロスティグ視知覚テスト（今では採用されていない）の下位検査、「視覚と身体の動きの協応能力」「位置が変化しても同じものであると認める能力」「空間関係把握能力」に平均以下の得点を示した。

そして、幾何学模様を完成させる、物体の位置を把握する、文字のスペルを注意して見るなどの指導がなされるうちに、次第に鏡文字はなくなっていった。

心理言語テストの下位検査、「絵探し」では、6歳6カ月のレベルから、9歳のレベルまで上がっていった。

高認知機能

エディー君の最も優れた能力は高認知機能であった。抽象的な事柄にも概念形成を容易にやってのけ、問題解決学習や複雑な言語表現も十分にこなしたのである。ただし、等号、コンマなどの記号を使うことには抵抗を示した。それで、記号を操作する能力は、初歩の学習から通して養われていった。数学はさまざまな記号を使うので、記号操作学習は毎日の授業で行われた。そうしていくうちに、記号への抵抗が少なくなり、学習への支障も減っていったのである。

教科学習

〈リーディング〉

エディー君の編入時（小学3年生）の〝読み〟のレベルは2・3で、同学年の平均よりも低かった。読み方がのろく、エディー君にとってリーディングは骨の折れる仕事であったという。

聴・視知覚訓練のため、読むこと、聞くことの教材が使われた。これはリーディングの訓練にもなり、次第にスラスラと読めるようになった。

〈算数〉

編入時のテストで、エディー君は3・0のスコアを示し、すぐに4学年のカリキュラムを始めるようになった。翌年4月には、算数スコアが4・8という高いものになった。

〈書写〉

書き文字もエディー君にとっては、困難な分野であった。それは、視覚と手の協応運動がうまくできなかったからである。はじめは活字体ばかりで書き、その文字は変な形をしていた。けれども、練習を重ねるうちに筆記体で書けるようになり、形も整うようになっていった。

以上で、エディー君の教育報告は終わり、入学して1年後の秋には、前に在籍していた公立の学校に復帰していったことが追記されている。

フロスティグ博士のエディー君のケース報告は、神経系の機能不調があっても、適切な訓練や治療教育で改善できることを示唆しているものである。

ほんの少しの配慮でやる気が出た

私は1984年に、東京都内の教育相談所で、小学3年生の春雄君（仮名）の治療的な学習と遊戯療法を行った。春雄君は相談所に週1回、母親と訪れ、すでに2年間が過ぎていた。私が担当したのは、最後の3年目であった。

相談理由は、学校で落ち着きがなく、乱暴で衝動的、注意散漫、学習がうまくできず、成績もよくない、ということであった。家族は両親と春雄君と弟の4人だった。

以下は遊戯療法と治療的な学習の経過である。

〈1回目〉

相談室で新任のカウンセラー（筆者）に紹介されると、照れて頭をペコリと下げて、小体育室に入っていった。そこではじめに、平行棒、跳び箱、鉄棒をし、次に絵を描き、ケシゴムの数を数えた。

平行棒――バランスが悪くぐらついた。

跳び箱――5段が跳べた。

鉄棒――筋力が弱く逆上がりができない。

絵を描く――ドラエモンの絵、1年生程度の幼さの残る表現。

数を数える――キンニクマンや怪人のケシゴムを約300個ほど、小箱に入れてもっていた。そのケシゴムの色が6種類あったので、色分けして数える遊びを提案すると、気軽に数え始めた。全色1つから4つの数え間違いがあった。「合計は?」と聞いてみたが、本人の計算意欲が失せて、この日は終了した。

〈2回目〉

ひどく怒りながらやってきて、辺りにあるボールなどを蹴散《けち》らすという様子で怒りを表現していた。

筆者「どうしてそんなに怒っているの?」

春雄「遊びたいのにお母さんが無理に連れてくるからっ」
と言って、ボールを蹴り続け、約10分後、怒りがおさまり、小休止。
筆者「落ち着いたようだね。今日はね、これ（ベンダー・ゲシュタルト視知覚検査）をやりましょう」
と言うと、
春雄「10分くらいならいいよ」
と、検査室に入った。しかし、集中せず、よく見ないでいいかげんに書き、「おわりっ」と投げやりに言った。そして、部屋を出てプレイルームに入り、ベースボール機で遊び始め、終了時までそれを続けた。帰るときははじめの怒りが消え、ニコニコしていた。

〈3回目〉

前回とは違って、楽しそうにやってきた。キンニクマンのケシゴムをもっていたので、「今日はいくつあるの」と聞くと、10ずつの束を作り、「29」と答えた。数え方は2―4―6―8―10と2とびであった。29個の人形を1列に並べて、鍵で打ち倒す遊びを考えだし、夢中で遊んでいた。

次に紙粘土でマウンテンマンとブラックホールマンを作り、最後にペンチを使って、針金でチエノワマンを作った。

私が何を言っても、「ウソッ」と反応する。たとえば、「お母さんが待っているよ」と言うと「ウソッ」という具合に、私の言うことを信じない様子を見せた。

〈7回目〉

筆者「春雄君は、自分のことを勉強ができないと言うけれど、どうして?」

春雄「みんながそう言うから」

筆者「そんなことはないっていうことが、この間のテストで分かったのよ。知りたい?」

春雄「うん、知りたい」

という会話の後で、自信をもたせたいと思って、心理言語検査の結果のグラフを見せた。平均の線より上にある得点を見せたら、「フーン」と不思議そうな顔をした。

平均より低い下位検査(検査項目)は「形と数の記憶」だけであった。春雄君は、単純なものの記憶は苦手のようだが、長い話を聞いた後で、その要点をとらえて話すことができ、能力にアンバランスがあった。

〈9回目〉

私が「6月17日の父の日に贈り物をしよう」と提案したら、春雄君は「お父さんになんかする必要はないんだよ」と投げやりに言った。そう言いながらも、私が準備した材料を見ると、しぶしぶと作り始めた。

切り紙細工で父親の顔を作るという課題だったが、春雄君は大きく描いた顔をくりぬいて、べたっと1枚貼るだけという作業をした。のりを必要以上に分厚く出しておいて延ばそうとせず、手についたのりはテーブルにこすりつけた。バックには細かいちぎり紙を貼ろうとしていたが、のりのついた手に紙がくっついて思うようにいかず、「ああっもうっ」と怒り始めた。これらの行為をその都度うまくいく方へと導いたが、衝動的、不器用、注意散漫となりやすいなどの特徴があらわであった。

春雄君は作り終えるまで、「お父さんになんかすることないよ」と言い続けた。

私は父子関係の考察が必要だと感じた。

〈10回目〉

予定していた平仮名の書写練習だった。点線をなぞる字はうまくいくが、自分で書く字は形がうまく取れない。しかし、30分間よく集中して取り組めた。それまでの春雄君の散漫さからすると、信じられないほどの集中的学習であった。

毎回はじめの30分は学習、後の30分は好きな遊びという計画が軌道に乗り始めた。この日の遊びは、ターザンロープであった。

〈12回目〉

本人の意志で漢字の練習を50分間も続けた。3分の2はうまく書けたが、後半は乱暴な字になった。はじめのほうの字が上手であると誉めると、嬉しそうにした。

〈13回目〉

集中して物事に取り組む感覚をもってほしいと思い、毛筆の練習を始めた。最初は「三」と「つり」の字を書いた。力強く伸び伸びと書けて、これほどうまく書けると思っていなかった本人が一番驚いていていた。

はじめは全身に力を入れて筆を握っていたが、手をもってあげる私の動きに合わせて、次第に力が抜け、他人に自分の動きを任せることが自然にできたという感じだった。

〈15回目〉

作文を書こうと提案したら、「いやだよっソーユーノイヤナノッ」と強く反対された。「それではなにがいいの?」と聞くと、「習字がいいよ、好きなんだよ」と言った。母親にそのことを伝えると、「今まで学校では習字を嫌っていたし、字も下手だったのに」と信じられないという様子だった。

すぐに習字の準備をして、「友」という字を大きく書いた。大きく力強い字で形もしっかり整っていたので、朱で大きな五重丸をつけたら、大喜びだった。

後半は、ブランコをしながら、おしゃべりをした。

春雄「今日、かまきりを捕りにいくんだ」

筆者「どこに?」

春雄「家の近くの××大学の近くだよ」

筆者「夏休みはどこかへ行ったの?」

春雄「シーワールドとね、ホテルだよ」

筆者「千葉の？」
春雄「そう、イルカとシャチが芸をするんだよ」
春雄君は終始穏やかに話し、落ち着いた様子で、顔つきもしっかりしてきた。
この日の午後に父親との面談をした。父親が春雄君と弟を比較して、叱ってばかりいること、おまえはだめだと事あるごとに口走るということを母親から聞いていたので、父親の春雄君へのかかわり方の改善を提案した。

春雄君のできることを見つけて、どんな些細なことでも誉める。
興味と関心のある学習や事柄に気づいてあげ、サポートする。
父親の期待に適わなくても、春雄君の言動を認める。
だめな子という言葉は使わない。

父にだめな子と言われる→自信喪失→勉強してもだめだと思う→他の子が気になる→落ち着かない→集中できない→学業成績の落ち込み→悪循環へ

以上の話に父親は耳を傾けてくれた。

〈21回目〉

母親と筆者の会話。

母親「学校では、相談室で勉強するときのように集中できないのはなぜでしょう?」

筆者「本人が自信をもち、何をどのように取り組めばよいのかを理解すれば、集中すると思います」

母親「クラスの中では、先生のおっしゃることを聞いていないのでしょうね。聞けば分かると思うんですが——」

筆者「大勢の中で一斉授業を受けるのだから、春雄君に適した指導にはなっていないかもしれません。春雄君には現在、個別の愛情のあるかかわりが必要だと思います。しかし、それは永久にではなく、落ち着きが身につけば、一斉授業の中でもやっていけるようになると思います。」

この日、学校で習字のときに「家」という字を書いたがうまくいかず、廊下に春雄君の作品だけが貼られていないので、ここで書いてもって行くと言って、書き始めた。

20枚練習したらかなり形が整って、「家」が仕上がった。

〈24回目〉

箱庭療法をする。

箱庭療法は、ユング心理学を応用した心理療法の技法である。タテ60センチ、ヨコ70センチ、深さ7センチの箱の中に砂を入れて、玩具を選んで自分の好きな情景を作る。無意識の心がそこに現れ、作者の自己治癒力を刺激してゆくのである。

陳列棚から動物や木を取り出して、しばらく考える様子。四角い動物のおりを作ろうとしたが、フェンスが足りないと言って、また考える様子。そして、はじめに思いついた動物園はやめたらしく、黙って何かを作り始めた。

箱の右側4分の3の空間の砂をかき分けて、その中央に池を作り、橋を架け、橋の上に、ブタ、シカ、ウシを置いて、「動物が曲芸をしている」と言った。そして、池の周囲に草食性のおとなしい動物たちを並べた。子ザルを置きながら、「みんなで曲芸を見ているんだよ」と説明した。

日ごろ学校で落ち着きなく過ごしていた春雄君が、じっくりと考えて、一つ一つの動物をていねいに整然と置いていく慎重さは意外だった。

私ははじめ、春雄君が陳列棚の人形や動物や恐竜や家や木などを手に触れるままに取り出し、考えもなく置いていくことを予想していたのである。意外なこの箱庭表現には、春雄君の内部に潜む高い知的要素を感じないわけにはいかなかった。

さらに、肉食猛獣ではなく、草食動物ばかりを選んで円形に並べたことは、春雄君の優しい心を示唆している。そして、ほぼ等間隔で全動物を並べたことについては、差別のない校友関係を望んでいると思えた。

学校で認められない春雄君は、友人とのかかわりの中で、自分の存在を訴えるために、衝動的に乱暴になったりする。優しい性質を出せず、暴力という外壁で自分を守ろうとしていたのではないだろうか。筆者に春雄君の心が痛く伝わった箱庭表現であった。

〈27回目〉
母親「今日は少し具合が悪いので」
筆者「それでは、じっと座ってゲームでもしようか？」
春雄「悪くないよ。怒っているだけだよ」
筆者「じゃ、怒りがなくなるまで、その大玉をぶったり、蹴ったりするといいわ」
春雄「よーし」
と言って、赤い大玉が変化するほど、バットでぶったり、足で蹴ったりした。

20分ほどすると、怒りが消えたのか、大玉に飛び乗って向こう側に降りるという技を発見して、それに夢中になった。玉の上に乗ったら動かず、玉の動きに身を任せると楽しいことも発見して、

春雄「これはね、じっしていることが大切」

と言い、嬉しくてたまらず、お母さんに見せたいと何度も言った。

〈33回目〉

脳波の検査の結果、どこかが悪いというわけではなく、平均の9歳の子の脳波に比べると少し幼い波であるが、心配はないとのことだった。

〈34回目〉

学校からもってきた社会科の宿題を終わらせると言って、机にかじりついていた。それが終わって、習字に真剣に取り組み、6枚仕上げて満足していた。自発的に学習に取り組むようになった。

〈36回目〉

バレンタインデーにクラスの女の子から招待された。こういうことは、かつてなかったことだから、相談室は休みにして女の子の家に行くという連絡があった。

3月になって、春雄君の行動に落ち着きと自信が見られるようになり、学習にもよく取り組めるようになったので、もう相談室にこなくても大丈夫だという話をしたら、「ヤメルノイヤダヨ、キタイヨ」と言った。しかし、3月末、終了を迎えた。

春雄君は、一斉指導の中で、ちょっとした個別の配慮が必要な子であった。

4

ＬＤ児の認識力と自己概念

ＬＤ児の思考能力

発育の速い子や遅い子を〝おませ〟とか〝おくて〟といった言葉で表現することがある。この〝おくて〟は未成熟な状態をさし、障害という意味はもとよりない。

前章で取り上げた春雄君（仮名）の場合、脳波がその実年齢よりも幼い子の形を示していたように、低学年の児童には、何かで未成熟な面のある子供たちが少なからずいる。3～4歳児のようによく動き回ったり、考えをうまく表現できなかったり、舌足らずな言い回しをしたり、字の形がうまく取れず書き方が下手だったりなどの未成熟状態は、子供たちの日常の生活に普通に存在する。

遠藤周作の書いた本に、彼自身の子供時代に考える力の未成熟さがあったことを思わせるエピソードがあった。

彼が小学1年生のとき、母親が花の種を買ってくれた。そして、毎日水をやると、芽が出ることを教えた。彼は学校から帰ると、毎日熱心に水をやって、植物の世話をした。ある日雨が降っていた。彼はレインコートを着て、如雨露《じょうろ》をもって、いつものように種に水をやっていた。窓からそれを見ていた兄が、驚いて母親にそのことを告げた。母親は彼に、雨が降っているときは水をまく必要はない、雨も水も同じだからと説明した。彼は驚き、すぐに母親の正しさを認めた。それを聞いた友人の北杜夫が、あなたは子供のとき、ある点で遅れていたんじゃないか？　と言ったという。

私自身、遅れていたと思われることは、小学1年生のとき、音楽の授業で、歌詞ではなく階名で歌うとき、五線紙上の音符名がすぐに出てこなかったことである。ミミレドドレレミレドと、ピアノに会わせて友達が合唱しているとき、私は口をモグモグさせるだけであった。

留学中に友達になったKさんは、小学時代を通してクラスで最低の成績だったという。両親はもしかしたら知恵遅れかもしれないと心配した。しかし、中学2年生の頃からなんとなく色々なことが分かるようになって、高校、大学と一流校に進学できたと話していた。Kさんは非常に〝おくて〟であったようだ。私が知り合ったときは、UCLAの留学生だった。

このように、幼い日の認識力の未成熟状態は成長するにつれて解決することがあり、長じて解決する問題なのか、LD状態なのかを見極めるのは容易ではない。

スイスの児童心理学者ピアジェの理論によると、考えたり理解したりする能力の発達には、次の4つの段階があるとされる。

(1) 感覚運動の段階――言語が発達する前。0～2歳まで。

(2) 前操作段階――言語や記号、思考や表現などの能力を発達させるが、それらの操作にはまだ限界がある。たとえば、全園児の数は全男子と全女子を合わせた数で、全園児数から全女子数を引いたら、全男子数になるなどの理解が困難。2～7歳まで。

(3) 具体的思考操作段階――具体的な問題にかかわることができる。たとえば、全児童数と男女の数の関係が分かるなど。7～11歳まで。

(4) 形式的思考操作段階――抽象的な思考能力をもつ。11歳以上。

南カリフォルニア大学(USC)の教育心理学科教授デンボー博士が、「たとえば、具体的思考操作段階の子供たち（7～11歳）が、前操作段階の子供たち（2～7歳）より利発であるということではなくて、彼らが以前には解決できなかったことを解決する能力ができた、ということなのである」と述べているように、発達段階によっては〝できなさ〟がある。

たとえば、小学2年生の子供で、[7＋3＝10／10－7＝3] が理解できないことがあっても、それは未成熟なためで、成熟とともに解決することが多い。

LD状態の早期治療が望ましいことはよく分かるが、幼い日の未成熟な状態でLDの認定をすることには、不確実な部分も多い。

実際、遠藤周作やKさんのように、幼い日未成熟だった人々が後年優れた能力を発揮することもある。

LD状態かどうかを見極めるためのリサーチがある。

ミズリー大学のライリー教授の論文「LD児の認識機能」に次のような報告がある。

「子供たちが、具体的思考操作ができるようになることと、〝読みと数学〟の学習がよくできるようになることとは、多いに関係がある。このことは、LD状態のない子供たちには常に同じパターンで現れるが、LD児童の場合、アンバランスに発達し、できることとできないことが、同時に存在することも稀《まれ》ではない」

これによると、〝アンバランスなできなさ〟はＬＤ認定の指標になると言えるようだ。

ＬＤ児の認識力の発達に関するリサーチは乏しいが、「ＬＤ児の成長の様子は、そうでない子たちよりもスローで、問題解決の判断は適切ではない」と言う学者は多い。しかし、現存する調査結果には次のような不一致も少なくない。

以下はライリー博士の紹介している調査結果とその研究者たちである。

●13歳のＬＤ児とＬＤでない子供の〝選択的注意力（周囲の刺激の中から必要なものを選びとる能力）〟〝言葉の暗唱〟〝概念化の早さ〟の認識の過程には、どのような差も見られなかった（Tarver & Maggiore, 1979）。

●7歳から11歳の40人のDyslexia《ディスレクシア》（読字困難）の子供たちの学業について調べたところ、Dyslexiaの児童は、保存（物の数、量、重さなどは、重ね方や容器を変えても同じであること）の課題で約1年の遅れを見せた（Klees & Lebrun, 1972）。

●9歳から12歳の子供を調査した結果、数学で平均的な成績をもつＬＤでない子供たちの90％が〝保存性〟を理解したが、数学が困難なＬＤの子供たちでは、〝保存性〟を理解したのは50%だけであった。正確には、LD児童の4分の1が、簡単な保存性（たとえば、同じ量の水を形の異なるビンに入れたとき、水面の位置に高低ができても、水の量は同じであること）についてさえ理解することができなかった（Derr, 1985）。

●69人のLD児と69人のLDでない子供たちを5年間調査した結果、認識力について意味のある発達を観察できた。発達のパターンは両グループで同じであったが、LDグループは、LDでないグループより、一貫して低い成績であった（Baker et al., 1984）。

●LD児とLDでない子供たちの〝保存〟と〝分類（たとえば、植物と動物を分けるなど）〟の能力の調査では、両者の間に統計的な有意差は発見されなかった（Meltzer, 1978）。

以上の報告は、LD児のものごとを認識する能力の調査結果に、さまざまな不一致が存在することを示している。不一致は、調査者が標準化した測定方法（誰が使っても偏りなく、信頼性、妥当性のある測り方）を使っていないことにあるかもしれず、認識力の調査には測定方法からの検討が必要である。

〝できなさ〟があるからLDだととらえる前に、考えたり、理解したりする能力の未成熟さを配慮することが、幼い子供たちの学習場面では大切である。

ＬＤ児の自己概念

アメリカでは、１９７０年代の後半から、ＬＤ児の心情的、動機的な心の様相についての研究も多くなってきた。学業の失敗が続くことは、ＬＤ児の心情的な成長に影響を及ぼす。学習の失敗とネガティブな（たとえば、自分は何をやってもだめだと思ったりする）性格は、関連しあっていると人々が気づいてきた。

そして、セルフ・コンセプト（自己概念＝自分は自分のことをどのように見ているのか）や、ローカス・オブ・コントロール（統制の場＝自分の今の状況をつくり出している原因を内外のどちらに求めるのか。たとえば、自分の成績が悪いのは環境のせいだとするのは、原因を外に求めている）と学業成績の間には、関係性があるかどうかを考察するようになった。

すでに、１９７８年に教育心理学者のミューレイ博士は、学校で成功している生徒たちは、成功していない生徒たちよりも、全般的にプラスの自己概念（たとえば、自分は能力があると思うことなど）をもつことを、調査結果として発表している。

さらに1979年には、LD児はLDでない子供たちよりも、自分の成功や失敗を環境が悪かったなどの外部の要因に求めるという、同じく教育心理学者のピエール博士の調査報告もある。

セルフ・コンセプト（自己概念）

自己概念とは、自分の〝感じていること、態度、知識、能力、技術、外見、社会的受容〟などを見つめている自分自身の知覚である。これは学業に影響する。そのことは、自己概念と学業成績の関係性をリサーチすることによって、一般的に確認されている。

多くの研究者が、学校で低成績の生徒は低い自己概念をもつ傾向にあることを報告している。低成績の生徒は、「自分はだめなんだ、何をやってもうまくいかないんだ」などと思いがちで、そのことがさらに成績の向上を妨げているという。

ウェスタン・ミシガン大学の心理学部の教授で、LD児の自己概念を研究しているクーリー博士は、「自己概念は、学習に取り組もうとする教室での行動に、直接的に影響する」

ことを報告し、教育心理学者のシャンク博士は、「自己概念は、学習課題達成への期待と能力に影響する」と述べている。つまり、自分はだめだと思っていることが、課題に取り組んでもどうにもならないという観念に導き、力が出せない、あるいは力を出そうとしないという状況を生みだし、したがって成績に影響するという。

１９８８年の調査でクーリー博士は、標準化された自己概念テスト（ピアス博士考案）を使ってＬＤ児の自己概念を調べた。

分析された要素は、学校での行動、知性と学校での地位、外見と性質、不安、人気、幸福と満足の６つの項目であった（次頁の表を参照）。

テスト結果によると、ＬＤ児の自己概念はＬＤでない子供たちの自己概念に比べると、かなり低かった。（統計的に有意な）差が出たのは、全体の総得点と２つの項目（学校での行動と、知性と学校での地位）の得点であった。この２つの項目は、学校での自分の状態を自己評価するように求められていた。

クーリー博士は、「このテストには学業に関係する２つの要素が含まれているので、ＬＤ児の総体的自己概念が低くなっている。もしも、この要素をテストから除けば、ＬＤ児とＬＤでない子供たちの自己概念の差はなくなるはずだ」と述べている。つまり、学業以

ＬＤ児とＬＤでない子供の自己概念の得点（クーリー博士の調査）

	ＬＤ児の得点	ＬＤでない子供の得点	差
学校での行動	11.39	13.59	2.20
知性と学校での地位	9.85	13.00	3.15
外見と性質	7.19	7.94	0.75
不　　安	8.87	9.77	0.90
人　　気	6.95	7.81	0.96
幸　　福	7.54	8.19	0.65

外では自己概念に差はないという。

得点が高いほど高い自己概念を表している。〝学校での行動〟に関する得点は、ＬＤでない子供たちの方がＬＤ児より２・２０点高く、〝知性と学校での地位〟もＬＤでない方が３・１５点高くなっている。これは統計的に見て有意な差（科学的に証明できている差）である。

表を見ると、他の項目もすべて、ＬＤでない子供たちの得点がわずかだが高い。統計的有意ではないが、数値の上で歴然としている。

クーリー博士は学業に関することの自己概念への影響の大きさを言いたかったのだと思うが、私は、自分の外見に自信があったり、人気者だと思ったり、不安がなく幸福を感じている人は、生き生きとものごとに取り組めるし、そういったプラス思考は学習場面にも通じると思う。サンプル数を増やしたら、他の項目も統計的有意を得られる可能性もある。

ＬＤ児を評するとき、Clumsy（クラムジー）という単語を使うことがある。この言葉には、〝ぎこちない、不器用な、気の利かない、不体裁〟などの意味がある。もっているものをボロボロと落としたり、つまずくものもないのにつんのめったり、机の角やドアにぶつかったり、うっかり失敗したりする人などをクラムジーと評するのだが、日本語でも〝おっちょこちょい、ぶきっちょ、まぬけ、とんま、あほ〟などといった個人を評する言葉がある。

日常生活でそういった言葉を真剣に言う人もいないだろうけれど、たとえ冗談にせよ〝あほ〟などと言われ続け、そのような感覚で親や教師や友達に見られていることを、子供のときからずっと感じていると、その人の自己概念は低くなるのではないだろうか？　そのような子供たちには、何をやってもだめだというネガティブな感覚が、生活や学業の上でずっと続くのではないだろうか？

ＬＤ状態があったとしても、〝自分はだめではない〟という感覚があれば、つまり自己概念が高ければ、ＬＤを克服する力が出るに違いない。

器質的にどうであれ、成長過程での周囲の人々のかかわり方は、子供たちに重要な意味をもつものだと思う。

ローカス・オブ・コントロール（統制の場）

これは、自分が置かれている状況の原因を、内部にあると見るか、外部にあると見るか、ということである。原因を内外のどちらに求めるかによって、その子供の自己概念の特性を見る。

一般的に、成功の原因を内部（自分の努力や能力）に、失敗の原因を外部（他人や境遇）に求める場合は自己概念が高く、逆に成功の原因を外部に、失敗の原因を内部に求める場合は自己概念が低いとされている。

ウェスタン・ミシガン大学の特殊教育科の教授であるローレンス博士らは、「一般に子供は4歳から5歳までは、成功も失敗も外部に原因があるとし、6歳から7歳までは、成功は内部に原因があると考え、10歳から11歳になると、成功も失敗も内部に原因があると考えるようになる」という仮説を取り上げた。

しかし、調査結果は、ＬＤ児はこの典型的なパターンには沿わないというもので、多くの研究者がそのように報告している。

ＬＤ児が内的要因を挙げるときは、成功したときではなく失敗したときであるという。ＬＤ児は、失敗は自分の努力のなさ、能力のなさ、まずい行動（内的要因）によるなどと信じ、成功は、教え方がよかった、内容が易しかった（外的要因）ことによるなどと考えがちであるという。つまり、自己概念が低いのである。

サウス・カロライナ大学の臨床心理学者であるターノスキー博士らは、ＡＤＨＤ（注意欠陥・多動性障害）だけの子供たち、ＬＤだけの子供たち、ＬＤとＡＤＨＤのある子供たち、そして、ＬＤもＡＤＨＤもない子供たちに分けて、それぞれの学業成績の成功に対するローカス・オブ・コントロールについて調べた。結果は、強く外的要因を求めた順番は、1番がＡＤＨＤとＬＤのある子供たち、2番がＬＤだけの子供たち、3番がＡＤＨＤだけの子供たち、4番はＬＤもＡＤＨＤもない子供たちであったという。

これらのリサーチは、相手が誰であれ、どんな状況でも、同じ指導法を取るのではなく、個々の子供の特性を踏まえて教え方に配慮すれば、幸せになる子供たちが多くなるということを示唆している。

教育心理学者のチャップマン博士らは１９８８年に、ＬＤ児が学業での失敗を繰り返すと、ネガティブな心情的特徴をもつようになることを報告している。失敗経験とネガティブな性向は車の輪のように循環しているという。

ＬＤ児はこの悪循環の中でもがいているのかもしれない。失敗経験を減らすなどして、悪循環の鎖の一つを断ち、その苦闘から解放することは、彼らを援助するうえで重要な第一歩である。

ＬＤラベルは必要か?

ＬＤ状態というのは、もともと何らかの器質的な原因が存在するものであるが、その身体的な根拠が立証されたケースはほとんどないと言われている。

アメリカのＬＤ研究で立証されたものとしては、「音韻的知覚の欠損としての〝読み困難〟については遺伝学的な原因が見られる（遺伝学）」「局部的な血液の研究によると、単語を認知する技能の欠損は、左側頭部における血液の活性化が正常よりも少ないことに関連している（神経学）」などが報告されているだけである。

子供にこれらの器質的なものが発見されて、医学的な治療によって改善できる場合、あるいは、誰が見ても異常があると分かる場合（例＝よだれが出る、手足が震える、歩き方がぎこちないなど）や、同年齢の子に比べると動きが異常に激しいと思われる場合などは、薬物療法などの医療的処置が必要であることは言うまでもない。

ここで私が問題としているのは、医療的配慮ではなく、教育的配慮の必要な子供たちにＬＤというラベルを貼り、他の子供たちと区別する必要があるだろうかということである。

アメリカのＬＤ児童の80％が〝読み困難〟であり、それはスペルを音に変えることの困難によると言われている。ところが、日本語は漢字は別にして一字一音の発音であるから、普通の生活ができるのに一字を一音に変えることに困難を示し、そのことが学業の支障になる子供はほとんどいない。読み困難な子供が稀《まれ》にしかいない日本の状況で、アメリカと同じようなＬＤ分野を考える必要があるだろうか？

確かに読み困難のある子供たちは、ＬＤ状態を示すようである。

私はアメリカ留学中に、土曜だけの日本人学校で教えたことがある。

ロサンゼルスの日本人学校補習校で、私が受け持った日本人子女たちは、ウィークデーのアメリカン・スクールではギフテッド（優秀児教育）を受けている子や、それに近い優秀な子供たちだった。

ロサンゼルスから北東へ50マイルほどいったところにあるインダストリーヒルズという地域の永住組が多かったクラスで、子供たちは英語が母国語のようになっていた。そのため、日本語の読み書きはスラスラとはいかなかった。平仮名は一字一音だから問題はなかったが、漢字が読めないことで、中3の国語の時間、彼らはまさにLD状態となった。担当教師の話によると、世界共通の数学の時間は、アメリカン・スクールですでに習った単元もあって、彼らは非常に自信に満ちていたらしい。しかし、国語の時間には、彼らの自己概念は落ち込み、彼らは自信のなさに加えて、なんとなく幼い子供の雰囲気を呈していた。

英語では理路整然と、優れた大人のようにスピーチする彼らが、国語の時間は影が薄くなっていた。アメリカン・スクールで奨学金をもらうギフテッドの子も、補習校での作文は平仮名だけで書かれてあったりした。そして、その作文用紙を恥ずかしそうに、大きな体を小さくして提出するのだった。

ギフテッドのラベルのもとでは自尊心が高く、きりっとした態度で振る舞う子が、補習校での国語の時間は注意不全になり、そわそわしたり、隣としゃべったり、後ろを向いたりして、〝できなさ〟を防衛してしまう。まさに読み困難は、子供たちの自己概念を低くしてしまう。

私は毎週プリントを用意して、補習校で何を学んだかを親たちが分かるようにした。家にもって帰って、それを見た日本語の分かる親とともに復習ができることを願って、どっさりと教材を作った。そして、一人一人の状態を把握して、誉め、励まし、自信をもたせながら、きめ細かな指導を続けた。

彼らは、漢字の読み困難に加えて、アメリカ流自由奔放と言える授業態度である。日本国内の静かな教室を考えたら、まさにＡＤＨＤ状態であった。けれども私はだめだというマイナス思考は一切せず、自己概念を高めるようなかかわりで、彼らの成長を願って、一週一度の登校日を真剣に過ごした。

彼らは、日本的感覚の担任（筆者）に引っ張られて、漢字の読み困難やＡＤＨＤ状態と闘っていた。そして、全員が無事に3月の卒業式を迎えることができた。

漢字は別にして、一字一音の発音をもつ母国語をもって、英語のスペルを読むような困難がない日本に暮らす子供たちに、英語圏に見られるようなＬＤ状態は起きにくいと思う。したがって、これと同じＬＤラベルを事情の異なる日本に輸入する必要はないと思う。

器質的な根拠の立証もなく、ただクラスの一斉授業についてこれないなどの理由でＬＤとラベルづけをしてしまうことは、教育的責任を医療に転嫁するような事態を招き、歴然たる障害もないのにＬＤという新たな障害児群をつくりかねないと私は心配している。

私が精神科の病院で心理職に携わっていたときに出会った、ある母親から聞いた話である。その母親は、子供の学級担任から、あなたのお子さんはＬＤかもしれないので、病院に行って診察を受けるようにと言われた。それで、学校の紹介状をもって病院に行くと、医者にＡＤＨＤであると言われた。医者はしばらく様子を見ようと言って、何の処置もせずに診察が終わった。そこは精神科の病院だったので、母親は自分の子供には精神的な病気があるのかと思い打ち沈んでいた。私がＬＤとＡＤＨＤについて少し説明してあげると、ほっと安堵の様子を見せていた。

このように、教師や医師の無責任な言葉に傷ついている子供やその家族は、どれくらいいるのだろう。こういう場面を見るにつけ、私は、もう大人の都合で新たな障害児群をつくることは止め、成長する子供の教育という観点からＬＤ把握をしなければならないと思う。あえて言えば、子供たちの教育現場に「ＬＤというラベルは必要だろうか？」という疑問球を投げたいと思う。

感覚障害や精神遅滞、情緒障害といった目に見えて分かる障害の診断と治療に、はじめに貢献したのは内科医であった。そして、彼らはＬＤのような軽く微妙な状態にも注意を向けるようになった。したがって、その診断と初期の治療方法は、医者たちによって開発された。

たとえば認知障害について、初期の基礎知識に多くの貢献をしたヨーロッパの医者たちには、次のような人々がいた。

脳傷害の患者の言語能力欠損に注目したガル（Gall, 807）、大脳機能についてのジャクソンの初期の理論構成を伝えたテイラー（Taylor, 1932）、失語症に興味をもったヘッド（Head, 1926）、先天的語盲（知的に低くなく、話す、聞く、計算などはできるが、文字の読み取りは一切できない）についての観察を発表したハインシェルウッド（Hinshelwood, 1917）などである。

アメリカでは、ラーニング・ディスオーダーズ（Learning Disorders＝アメリカ精神医学会の疾患診断マニュアルに使われている用語で、学習障害の意味）についての理解に、オートン（Orton, 1937）の大脳優勢理論やストラウスとレヒティネン（Strauss & Lehtinen, 1947）の脳傷害をもつ子供たちの研究が意味深い貢献をした。

しかし、このような初期の研究が、後にラーニング・ディスエイブルド（Learning Disabled）という用語にまとめられた子供たちのために、あるいはこの分野の発展に役立つことは少なかった。そして、職業的医学者が関心をもった子供たちの貧困な学業成績について、教育者たちは20世紀の半ばまで関心の焦点にしなかった。

ある低成績の子供たちは、平均あるいは平均以上の知的能力をもちながら、基本的学習をマスターすることに困難さをもつ。それは、最も頻繁にリーディング（読み）に現れる。注意力持続の短さ、散漫、衝動、過度な動き、不器用、そして貧弱な筋力スキルなどといった行為パターンが、学業の取りこぼしとともに存在することもある。

医学検査では、これらの子供たちは標準の神経的検査で測定される全体的な脳の機能不調やハード・サイン（これとわかるサイン）は示さないが、いくつかのソフト・サイン（微妙で分かりにくいサイン）や中枢神経系の未成熟、あるいは機能不調を示す行為とみなされるサインが示唆される場合がある。

結果として、微細脳損傷あるいは知覚障害というような診断が一般的となったのであった。学業上の特殊な不調を描写するために、医学用語ができていった。Dyslexia《ディスレクシア》（読字困難）、Dyscalculia《ディスカルキュリア》（計算障害）、またはDysgraphia《ディスグラフィア》（書写障害）などの用語である。

診断的なラベルは、学習に困難を示す状態について2つの方向づけをするようになった。それは、中枢神経系の機能不調としての方向づけと、原因への言及なしに行為（できなさ）

を強調する方向の2つである。前者は医学的かかわりで治療され、後者は教育的かかわりによって改善される含みがあることは明らかである。

しかし、問題とされているのは、基本的に学習することに困難があるという状態なので、1960年代初期にサミュエル・カーク博士によって提案されたラーニング・ディスアビリティーズ（Learning Disabilities）という用語が広く受け入れられるようになった。そして、初期における診断と処方に対する努力の多くが、医者によって導かれた仕事であったけれど、その後、責任の大部分は学校へと移行した。学校はLDのための根本的、教育的な治療環境を準備できるので、この移行は適切なものと言える。

1975年にLDを特殊教育と定めた法律が通過して以来、アメリカでは、医療は学際的チームの一分野としてLDに貢献するようになった。

私は、中枢神経系の機能不調が明らかにある場合は、医学的な対処を初めになすべきだと思う。しかし、繰り返すが、〝学習のできなさ〟に対しては、教育現場で個々の子供の違いにていねいに対応することが肝心である。そういう場合、私はLDというラベルは必要ないと思うのである。

桜梅桃季のかかわりで——あとがきにかえて

1977年に「学習障害と教育相談」というテーマの研究会に参加したとき、私は、アメリカでは学習障害という部門の教育方法が確立されているといった感じをもった。しかし、学習障害とは一体どのような状態であるのか、私がかつて受け持った山田花子さん（仮名）の状態がそれにあたるのか、など分からないことだけが把握できていた。

その頃、南カリフォルニア大学（USC）の学校案内にラーニング・ディスアビリティーズ（LD）のプログラムがあることを知って、私はぜひ勉強したいと思った。それを学べば、どんな状態の子供でも学習ができるように指導できるのだと、あいまいにも思っていた。

ところが、USCに留学して受講した「ラーニング・ハンディキャップドの問題」というコースで、担当のウェルズ先生が、「ラーニング・ディスアビリティーズの万能薬はない。一人一人の状態にていねいに、適切にかかわっていくしかないのである」と言うのを聞いて、私は期待とのギャップに啞然とした。

そういう状況が私のＬＤについての勉強の出発点だった。

修士論文は子供たちの学習と認識力の発達に関するものであった。それは、ピアジェの理論を基に未成熟であるかＬＤ状態であるかを判断することの難しさや、学習の遅れと教え方の関係性についてリサーチしたものであった。

そして、この本を書くにあたり、この修士論文と2つのコース・スタディで提出した小論文に引用した文献を利用した。

この本を書こうと思った動機は、日本でＬＤについてのコンセンサス（同意）がないと知ったことだとすでに書いたが、その場面は2回あった。

博士過程を終えて帰国した後、私は臨床心理の勉強もしていたので、病院の心理職の仕事をすることになった。ある病院で非常勤心理職についたとき、偶然にもその病院に〝ＬＤ外来〟というセクションがあったのである。私は心理担当としてＬＤ児童の社会的スキルのグループ指導をするスタッフの一員になった。

〝ＬＤ外来〟を受診する子供たちは、ＡＤＨＤ（多動、衝動的、感情が激する、残酷なことをするなど）とカルテに書かれることが多かった。しかし、そのほとんどが学校の成績は中以上で、なかには優秀な成績の子供もいたのである。

はじめの疑問は、学習自体に問題がないのに、〝LD外来〟で対応することについて、「あれっ？」という印象とともにあった。

〝LD外来〟という看板の不適切なことを、そこに勤めてかなりたつスタッフの一人に質問したら、「病院の経営上の問題で、LDについての準備ができていなかったけれど、〝LD外来〟というセクションを置くことにしたようだ」と話してくれた。

LD定義にはさまざま状態が含まれるので、〝LD外来〟という看板を出せば、多動、注意散漫、集中しない、読みがまずい、書き文字が整わないなどの理由で学校での一斉行動や学習に外れた子供が、すべて病院へやってくることも起こりうる。すると、病院は経営上有利になると思われる。

しかし、LDというラベルは学習上の問題に用いたものであって、医療上のラベルではない。LDラベルを子供の教育という観点からではなく、このように病院で使っていることに、私は非常に抵抗があった。

私がその病院で出会った子供たちは、確かにADHD、感情的、衝動的、残酷性があるといった子供たちだった。そういった子らへは医療上の対応が必要だと思う。

しかし〝LD外来〟の看板を出すことによって、本当に読み困難や計算困難がある子供が来院したらどうするのか？　それらは病院ではなく、教育現場で対応するのが適切ではないのか？　LDに関する専門家のいない病院の〝LD外来〟という看板は無責任すぎる、と私は思い続けた。しかしそのときはまだ、自分の思いを書きたいとは思わなかった。

それから2年後のこと、ある政治家の広報パンフレットに〝LD対策〟という言葉を見たとき、LD定義も明確でない日本で、どのような対策をするのだろうと懸念した。そんな思いがよぎり、LDについて書こうと決心したのである。

何らかの形で法律化されてしまえば、学校での一斉行動や学習から少しでも外れる子供たちは、すぐにLDラベルをつけられて病院に送られたり、学校内で差別的感情が起きたりする可能性がある。LDラベルは慎重に対処せねば大変なことになる。

桜梅桃李《おうばいとうり》という言葉がある。

桜と梅、桃と李は似ているけれどちょっと違う。梅は3月に香りを運び、桜は4月に華やかに咲きすぐに散る。花びらの様子も色合いもよく見ると違っている。桃はぶ厚い実で薄甘く、李は固く甘酸っぱい実になる。これはそれぞれの特性を尊重し、認めあうことを示唆する言葉だと思う。

子供も一人一人違う個性をもっている。大人が作った一つの教育カリキュラムの中に全員を押し込めようとするところに、さまざまな問題が生じる。そこに入りきれない子供たちにLDというラベルを貼って、教室に存在することに重荷を負わせるようなことがあってはならない。

いかなるタイプの子であっても、心から尊重し、個々への桜梅桃李のかかわりでその可能性を引き出し、自己概念を高めることが、LDラベルを貼る前に必要なことではないだろうか。

子供が自分の中に、些細であっても、なんらかの自信を見いだしたとき、たとえLD状態があったとしても、それを克服する力を出せると思うのである。

*

本書を出版するにあたっては、たくさんの方にお世話になった。

フロスティング・センターのラスカインド博士やシャピロ先生をはじめ、スタッフの方々には多くのことを教えられた。また、この本を出版するにあたっては藤原宏さん、佐々木利明さんにたいへんお世話になった。論創社の君島悦子さんには文章上の細かい点をいろいろご指摘いただいた。

皆さんの誠実でプロフェッショナルな対応がなければ、私の思いは人々に伝わっていなかったことは明らかである。ここに深く感謝するとともに、心からの謝辞としたい。ありがとうございました。

2000年4月

玉永公子

参考文献

Algozzing, B., & Ysseldyke, J. E. "The future of the LD Field: Screening and diagnosis." *Journal of Learning Disabilities,* vol.19, No.7, pp.394-397, 1986.

Anderson, K. E., Richards, H. C., & Hallahan, D. P. "Piagetian task performance of learning disabled children." *Journal of Exceptional Children,* vol.13, p.561, 1980.

Appel, M. H., & Goldberg, L. S. *Topics in cognitive development*. New York: A Division of Plenum Publishing Corporation, 1977.

Bovet, M., Inhelder, B., & Sinclair, H. *Learning and the development of cognitive*. Cambridge: Harvard University Press, 1974.

Floyd, A. *Cognitive development in the social years*. New york: John Wiley and Sons, Inc., 1979.

Fong, B. C., & Resnick, M. R. *The child development through adolescence*. Calfornia: The Benjamine comming Publishing Company, Inc., 1980.

Hammill, D. D., Leigh, J. E., McNutt, G., & Larsen, S. C. "A new definition of learning disabilities." *Journal of Learning Disabilities,* vol.20, No.2, pp.109-112, 1987

Hiscock, M., & Kinsbourne, M. "Specialization of the cerebral hemispheres: Implications for learning." *Journal of Learning Disabilities,* vol.20, No.3, pp.130-140, 1987.

Isaacs, N. *Children's ways of kowing.* New York: Teachers College Press, 1974.

Lyon, G. R. "The Future of Children." *Special Education for Students with Disabilities,* vol.6, No.1-Spring, pp.54-76, 1996.

Mussen, P. *The psychological development of the child.* New Jersey: Prentice-Hall, Inc., 1979.

Nadien, M. B. *The child's psychological development.* New Jersey: Avery Publishing Group, Inc., 1980.

Piaget, J. *Development and learning.* National Science Foundation and the USA office of Education, Conell University, 1964.

Piaget, J. *Judgment and reasoning in the child.* New York: Littlefield, Adams & Co., 1976.

Swanson, H. L. "Information processing theory and learning disabilities: An overview." *Journal of Learning Disabilities,* vol.20, No.1, pp.3-6, 1987.

Wesley, F., & Sullivan, E. *Human growth and development.* New York: Human Science Press, 1980.

Zigmond, N. *Learning disabilities from an educational perspective.* In Better understanding learning disabilities: New views from research and their implications for education and public policies, G. R. Lyon, D. B. Gray, J. F. Kavanagh, and N. A. Krasnegor, eds. Baltimore: Paul H. Brookes, pp.251-272, 1993.

Stanovich, K. E., and Siegel, L. S. Phenotypic "performance profile of children with reading disabilities: A regression-based test of the phonological-core variable-difference model." *Journal of Educational Psychology,* vol.86, pp.24-53, 1994.

Stanovich, K. E. *The construct validity of discrepancy definitions of reading disability.* In Better understanding learning disabilities: New views from research and their implications for education and public policies. G. R. Lyon, D. B. Gray, J. F. Kavanagh, and N. A. Krasnegor, eds. Baltimor: Paul H. Brookes, pp.273-307, 1993.

Schunk, D. H. "Self-efficacy perspective on achievement behavior." *Educational Psychologist,* vol.19, pp.48-58, 1984.

Blachman, B. A., Ball, E., Black, R., & Tangel, D. "Kinder-garten teachers develop phoneme awareness in low-income inner-city classrooms: Does it make a difference? Reading and Writing." *An Interdisciplinary Journal,* vol.6, pp.1-17, 1994.

Bruck, M. *Social and emotional adjustments of learning disabled children: A review of the issues.In Handbook of cognitive, social, and neuropsychological aspects of learning disabilities.* S. J. Ceci, ed., Hillsdale, NJ: Erlbaum, pp.230-250, 1986.

Johnson, D. J., and Blalock, J., eds. *Adults with learning disabilities: Clinical studies.* New York: Grune & Stratton, 1987.

Dembo, M. H. Teaching For Learning: *Applying Educational Psychology In The Classroom.* Scott, Foresman and Company, pp.308-326, 1981.

Murray, M. E. "The relationship between personality and adjustment and success in remedial programs in dyslexic children." *Contemporary Educational Psychology,* vol.3, pp.330-339, 1978.

Pearl, R. A. & Bryan, T. H. "Self-Concepts and Locus of Control of Learning Disabled Child." *Journal of Clinical child psychology,* vol.8, pp.223- 226, 1979.

Cooly, E. J., & Ayres, R. R. "Self-Concept & Success-Failure attributions nonhandicapped students and students

with learning disabilities." *Journal of Learning Disabilities,* vol.21, pp.174-178, 1988.
Chapman, J. W. *Learning Disabled children's Self-Concept.* Review of Educational Research, 1988.
Riley, N. J. "Piagetian Cognitive Functioning in Students with Learning Disabilities." *Journal of Learning Disabilities,* vol.22, No.7, pp.444-449, 1989.
Lawrence E., & Lewis S. K. "Locus of Control of Children with Learning Disabilities and Perceived Locus of Control by Significant Others." *Journal of Learning Disabilities,* vol.22, No.4, pp.255-256, 1989.
Tarnowsky K. J. & Nay, S. M. "Locus of Control in Children with Learning Disabilities and Hyperactivity: A Subgroup Analysis." *Journal of Learning Disabilities,* vol.22, No.6, pp.381-383, 1989.
Hallahan, D. P. & Kauffman, J. M. *Exceptional achildren.* New Jersey: Prentice-Hall, Inc., p.18, 1978.
Piaget, J. *The Origins of Intelligence in Children.* New York: W. W. Norton & Company, Inc., p.iii, 1963.
Head, H. *Aphasia and kindred disorders of speech.* Cambridge, England: Cambridge University Press, 1926.
Hinshelwood, J. *Congenital word blindness.* London: H. K. Lewis, 1917.
Orton, S. T. *Reading, writing, and speech problems in children.* New York: Norton, 1937.
Strauss, A. A., & Lehtinen, L. E. *Psychopathology and education of the brain-injured child.* New York: Grune and Stratton, 1947.
Taylor, J. *Selected writings of Hughlings Jakson.* London: Hudden and Stroughton, 1932.
阿基米得「アインシュタイン・統一場理論」『オムニ・サイエンスペディア』7月号特別付録、一九八五年。
遠藤周作『ぐうたら漫談集』角川文庫、一九八一年

玉永公子（たまなが・きみこ）
1943年，台湾生まれ．大分大学教育学部卒業後，大分県と東京都で養護学校教諭，東京都の小学校教諭，教育委員会委託教育相談員を経て，1980年アメリカに留学．南カリフォルニア大学で修士号（特殊教育）を取得．帰国後，東京都内の教育センターで教育カウンセラーに携わる．その後再度留学し，1993年に博士号（教育心理学）を取得して帰国．1994年以降，病院の心理職やボランティアでの心理カウンセラーを日本国内で続ける．現在，カリフォルニア州トーランス市に所在するシグマ・スクール（州認可の小・中・高教育を行う私立現地校）の教育・心理カウンセラー．
学校心理士，日本教育心理学会員，日本心理臨床学会員，日本健康心理学会員．
カリフォルニア在住．

LDラベルを貼らないで！——学習困難児の可能性

2000年５月30日　初版第１刷印刷
2000年６月10日　初版第１刷発行

著　者　玉永公子
発行者　森下紀夫
発行所　論 創 社
東京都千代田区神田神保町 2-19 小林ビル
振替口座　00160-1-155266　電話　03（3264）5254
組版　ワニプラン／印刷・製本　中央精版印刷
ISBN4-8460-0173-3